国家社会科学基金面上项目
"协同创新中的知识产权风险与创新绩效研究"
（15BGL028）

协同创新知识产权风险影响创新绩效研究

祁红梅 著

中国社会科学出版社

图书在版编目（CIP）数据

协同创新知识产权风险影响创新绩效研究／祁红梅著 .—北京：中国社会科学出版社，2019.8
ISBN 978-7-5161-6660-4

Ⅰ.①协… Ⅱ.①祁… Ⅲ.①技术开发—科学技术合作—知识产权—风险分析—中国 Ⅳ.①D923.404

中国版本图书馆 CIP 数据核字（2015）第 166951 号

出 版 人	赵剑英
责任编辑	刘 艳
责任校对	陈 晨
责任印制	戴 宽

出　　版	中国社会科学出版社
社　　址	北京鼓楼西大街甲 158 号
邮　　编	100720
网　　址	http://www.csspw.cn
发 行 部	010-84083685
门 市 部	010-84029450
经　　销	新华书店及其他书店
印刷装订	北京市十月印刷有限公司
版　　次	2019 年 8 月第 1 版
印　　次	2019 年 8 月第 1 次印刷

开　　本	880×1230 1/32
印　　张	8
插　　页	2
字　　数	182 千字
定　　价	48.00 元

凡购买中国社会科学出版社图书，如有质量问题请与本社营销中心联系调换
电话：010-84083683
版权所有　侵权必究

序　言

　　创新已成为我国社会发展的核心理念，创新驱动成为经济发展的第一动力。无论是国家、区域还是微观的企业组织，都开始突破自身边界，吸纳和整合外部知识资源，由原来的对立竞争向着合作竞争转变，通过建立资源互补、风险共担、创新成果共享的协同创新组织，寻求创新能力的提升和创新成果的产出，增强整体竞争力。但在创新实践中，以产学研合作、创新联盟等为代表的多主体协同创新形成的组织模式，遇到了参与成员质量参差不齐、组织运行半路解体、信任关系不易建立、利益分配难以协调以及创新绩效实现不完全等种种难题，导致协同创新组织运行举步维艰，而其中知识产权风险是影响组织建立、运行和最终成功的关键。国内有关这方面系统研究的专著并不多见，本书在这个方面进行了有价值的探索。

　　该著作以多主体形成的协同创新组织中的知识产权风险为研究对象，识别并提出知识产权风险是影响协同创新组织高质量形成、成功运行以及实现最终创新绩效的关键因素，分析了协同创新组织运行三阶段的知识产权风险表现、成因，实证验证了知识产权风险对创新组织形成过程及最终绩效的影响机理，从学理上分别提出了三阶段知识产权风险防范与控制对策，从实践上分别提出了基于政府、创新组织和成员企业的三层面解决措施。

该著作的理论创新之处，一是通过对协同创新组织的契约型特征进行分析，指出多主体协同创新组织中管理的复杂性、合作的临时性、利益的短期性以及文化的冲突性等固有特点带来的创新合作知识产权冲突和组织运行三阶段风险，深化了协同创新理论中的知识产权风险成因及风险分类的研究。二是揭示了知识产权风险在协同创新组织运行的三阶段过程中，对组织初始阶段的形成质量和形成绩效、运行阶段的知识共享与吸收绩效以及结束阶段的最终创新绩效的影响机制，细化了协同创新中知识产权风险对合作各阶段影响的理论研究。三是从学理上探讨了伙伴甄选、契约控制、快速信任、主动知识外溢等策略对防范与控制知识风险、推动创新绩效的达成所具有的积极作用，对协同创新中的知识产权风险控制理论起到了一定的补充和完善作用。

随着创新驱动发展战略的深入实施，多主体的创新合作还会遇到更多的深度障碍和挑战。党的十九大报告指出，要建立以企业为主体、市场为导向、产学研深度融合的技术创新体系。这就要求更多的理论工作者追踪鲜活的创新实战前沿，透析现象中的共性问题，研究创新发展的科学规律，升华更多的理论内涵反哺创新实践的发展。

黄群慧
中国社会科学院工业经济研究所研究员、所长

目 录

第一篇 协同创新知识产权风险研究缘起

第一章 绪论 (3)
第一节 问题的提出 (3)
第二节 研究意义 (5)
 一 学术贡献 (5)
 二 实践价值 (8)
第三节 学术名词厘定 (10)
 一 协同创新 (10)
 二 知识产权风险 (11)
 三 契约控制 (12)
 四 快速信任 (13)
第四节 研究思路与框架 (13)
 一 研究思路 (14)
 二 研究框架 (14)

第二章 协同创新理论基础及文献述评 (16)
第一节 协同创新的理论基础 (16)
 一 资源基础论 (17)
 二 资源依赖论 (20)

三　知识基础论……………………………………（22）
　　四　契约经济学……………………………………（24）
　　五　社会学理论……………………………………（26）
 第二节　文献综述………………………………………（27）
　　一　协同创新理论体系……………………………（27）
　　二　协同创新中的知识产权风险…………………（33）
　　三　协同创新中的协同控制………………………（36）
　　四　协同创新中的快速信任………………………（38）
　　五　协同创新绩效评价……………………………（46）
　　六　文献述评………………………………………（47）
第三章　协同创新的价值与挑战……………………………（49）
 第一节　协同创新的价值………………………………（49）
　　一　促进知识共享…………………………………（50）
　　二　提高创新能力和效率…………………………（51）
　　三　增加经济收益…………………………………（51）
 第二节　我国协同创新组织面临的挑战………………（52）
　　一　成员质量参差不齐……………………………（52）
　　二　相互信任难以建立……………………………（53）
　　三　合作机制运行不畅……………………………（54）
　　四　利益分配难以协调……………………………（55）
　　五　信用缺失问题严重……………………………（56）

第二篇　协同创新知识产权风险
理论与实证研究

第四章　知识产权风险理论研究：理论界定与
　　　　形成机理…………………………………………（59）

第一节　基于法学视角的知识产权特征认知………（59）
　　一　法学视角的知识产权内涵…………………（59）
　　二　知识产权的特征……………………………（61）
　　三　知识产权特征带来的风险…………………（66）
第二节　基于管理视角的知识产权风险认知………（67）
　　一　管理视角的知识产权内涵…………………（68）
　　二　管理视角的知识产权风险分类……………（69）
第三节　基于组织生命周期的知识产权
　　　　风险分类……………………………………（72）
　　一　协同创新组织的运行阶段…………………（72）
　　二　协同创新中的知识产权信息流……………（73）
　　三　知识产权信息流障碍因素…………………（75）
　　四　协同创新组织各阶段知识产权风险………（78）
第四节　知识产权风险形成探因……………………（81）
　　一　协同创新组织成员资源特性对知识产权
　　　　风险的影响…………………………………（82）
　　二　协同创新组织成员特性对知识产权风险
　　　　产生的影响…………………………………（83）
　　三　协同创新组织对知识产权风险产生的
　　　　影响…………………………………………（84）
　　四　协同创新客体对知识产权风险产生的
　　　　影响…………………………………………（89）
　　五　知识转移特性对知识产权风险产生的
　　　　影响…………………………………………（89）

**第五章　知识产权风险实证研究：对协同创新绩效的
　　　　影响…………………………………………（91）**
　第一节　实证研究思路………………………………（91）

一　实证研究思路……………………………………（91）
　　二　量表设计方法与原则…………………………（92）
　　三　量表的质量控制………………………………（94）
　　四　样本基本情况…………………………………（95）
　　五　结构方程模型（SEM）…………………………（98）
　　六　研究中采用的技术手段 ………………………（101）
第二节　知识产权风险影响协同创新组织形成
　　　　绩效分析 ……………………………………（105）
　　一　协同创新组织形成质量与效率的理论
　　　　分析 …………………………………………（106）
　　二　变量的测量 ……………………………………（107）
　　三　实证验证 ………………………………………（110）
第三节　知识产权风险对协同创新组织最终
　　　　绩效的影响 …………………………………（111）
　　一　知识产权风险对协同创新最终绩效的影响 …（111）
　　二　创新绩效的测度 ………………………………（112）
　　三　知识产权风险对协同创新最终绩效影响的
　　　　验证 …………………………………………（113）

**第六章　协同创新绩效实证研究：基于契约型组织
　　　　特征的视角** ………………………………（115）
第一节　问题的提出 ………………………………（115）
第二节　理论与假设 ………………………………（117）
　　一　契约型组织的特征 ……………………………（117）
　　二　契约型组织的特征与协同创新绩效的
　　　　关系 …………………………………………（120）
　　三　社会资本的调节效应研究 ……………………（122）
第三节　实证检验 …………………………………（125）

一　变量的测量 …………………………………（125）
　二　模型检验 ……………………………………（128）
　三　调节效应分析方法 …………………………（129）
　四　调节变量分析 ………………………………（133）
第四节　结果讨论 ……………………………………（135）
　一　主要结论 ……………………………………（135）
　二　管理启示 ……………………………………（135）

第三篇　协同中知识产权风险的控制机制与管理对策

第七章　协同创新组织合作成员甄选机制 …………（139）
第一节　协同创新组织合作成员的多样性 ………（139）
　一　成员的资源多样性 …………………………（140）
　二　成员的社会多样性 …………………………（141）
　三　成员的空间多样性 …………………………（143）
　四　成员多样性的选择 …………………………（144）
第二节　协同创新组织合作成员甄选模型 ………（144）
第三节　创新合作伙伴甄选机制 …………………（147）
　一　合作伙伴甄选博弈均衡 ……………………（147）
　二　创新合作伙伴甄选机制之一：伙伴类型的
　　　影响 …………………………………………（150）
　三　创新合作伙伴甄选机制之二：共享收益与
　　　伪装成本 ……………………………………（152）
第四节　研究结论 …………………………………（155）
第八章　协同创新组织形成阶段知识产权风险
　　　　控制机制 ……………………………………（157）

第一节　协同创新中的契约控制 …………… (157)
　　一　协同创新中契约控制的内涵 ………… (158)
　　二　协同创新中契约控制的调节作用 …… (162)
　　三　契约控制的测量 ……………………… (164)
第二节　协同创新中的快速信任 …………… (164)
　　一　协同创新中的快速信任 ……………… (165)
　　二　协同创新中快速信任的调节作用 …… (165)
　　三　快速信任的测量 ……………………… (166)
第三节　契约控制与快速信任的调节作用检验 … (167)
　　一　契约控制的调节效应检验 …………… (167)
　　二　快速信任的调节效应检验 …………… (169)
第四节　研究结论 …………………………… (170)

第九章　协同创新组织运行阶段知识产权风险控制机制 …………………………… (172)

第一节　知识产权风险控制机制之：主动知识外溢 ……………………………… (172)
　　一　知识揭露悖论 ………………………… (173)
　　二　主动知识外溢 ………………………… (174)
　　三　主动知识外溢的信号效应模型求解 … (175)
　　四　多批次主动知识外溢的声誉效应博弈建模求解 …………………………… (178)
　　五　主要结论 ……………………………… (180)
第二节　知识产权风险控制机制之：成员竞合意识 ……………………………… (181)
　　一　协同创新组织成员竞合意识 ………… (181)
　　二　协同创新组织成员竞合意识对创新绩效的影响 …………………………… (184)

三　竞合意识对协同创新绩效影响的验证 ……（185）
四　研究结论 ………………………………………（187）
第三节　知识产权风险控制机制之：成员的
进入与退出 …………………………………（189）
一　协同创新组织成员更迭的必然性 ……………（189）
二　协同创新组织成员更迭动机分析 ……………（190）
三　成员更迭对组织稳定性的影响 ………………（192）
四　成员更迭对组织创新性的影响 ………………（193）
五　更迭成员的选择 ………………………………（193）
六　破解稳定性与创新性悖论 ……………………（195）

第十章　协同创新组织结束阶段知识产权风险
控制机制 ………………………………………（198）
第一节　协同创新利益分配影响因素分析 ………（198）
第二节　协同创新利益分配博弈模型 ………………（200）
一　初始投入额的确定 ……………………………（200）
二　核心能力的确定 ………………………………（200）
三　承担风险的确定 ………………………………（201）
四　基于 Nash 博弈的影响因素验证模型 ………（202）

第十一章　协同创新知识产权风险管理对策 ………（206）
第一节　政府层面的知识产权风险管理对策 ……（206）
一　建设高水平的知识产权法律法规和
政策体系 ………………………………………（206）
二　建立知识产权风险的监测预警机制 …………（208）
三　强化知识产权执法力度，提高保护水平 ……（208）
四　加强宣传与培训，提高全社会知识产权
法律意识 ………………………………………（209）
五　加大惩治失信行为的力度 ……………………（209）

第二节　协同创新组织层面的知识产权风险
　　　　管理对策 ………………………………………（210）
　　一　建立完善的协同创新组织成员选择机制 …（210）
　　二　建立完善的任务分配机制 ………………（212）
　　三　建立完善的风险控制机制 ………………（213）
　　四　建立完善的协调沟通机制 ………………（214）
　　五　建立良好的信任激励机制 ………………（215）
第三节　协同创新组织成员的知识产权风险
　　　　管理对策 ………………………………………（216）
　　一　加强员工知识产权共享意愿 ……………（216）
　　二　强化员工技术保护意识 …………………（217）
　　三　进行员工离职就业限制 …………………（218）
　　四　协助员工适应角色定位 …………………（218）
　　五　激励员工参与协同创新 …………………（219）

第四篇　结论

第十二章　主要研究结论、创新点、研究局限及
　　　　　研究展望 ……………………………………（223）
　第一节　主要研究结论 ………………………………（223）
　第二节　创新点 ………………………………………（226）
　第三节　研究的局限性 ………………………………（227）
　第四节　未来研究展望 ………………………………（228）
主要参考文献 …………………………………………（230）
附录　合作创新调研问卷 ……………………………（237）

第一篇

协同创新知识产权风险研究缘起

当前创新驱动发展已经上升为国家意志与战略，面对势在必行的产业结构调整与经济转型升级，如何通过创新来破解经济提质增效的难题，是理论研究者与政策制定者们不容回避的关键命题。然而，个体创新面临着投入少、成本高、风险大、成功率低的实际窘况，而协同创新通过整合资源、降低成本、共担风险、合作创新，在国内外的创新业绩方面表现颇佳，不同市场主体之间自愿形成协同创新组织来实现高收益与可持续发展已是大势所趋。但协同创新组织所形成的知识产权归属、收益分配等问题解决不好，会导致知识产权风险的频发，并影响创新的绩效与收益。因此，本部分在深度认知当前社会经济发展背景的前提下，首先厘清总体研究思路，认真梳理已有的理论文献，站在前人研究的基础上探寻协同创新的价值所在，并洞察未来发展面临的挑战。

第一章

绪　论

经济发展必须依靠创新来驱动，但创新也存在着诸多风险，其中知识产权风险对创新绩效的负面影响尤为严重。因此，以前人的相关理论研究与实践为基础，深刻剖析知识产权风险的作用机理与控制对策就显得尤为重要，而且对于政府、企业和市场而言都意义重大。故而，本章重点分析协同创新中存在的知识产权风险问题，并清晰阐述本书的理论价值与实践意义，界定关键学术名词，构建逻辑思路与研究框架。

第一节　问题的提出

在当今知识经济时代的大背景下，科学技术日新月异，产品和技术更新换代的速度不断加快，技术创新的风险不易控制且创新的收益变得越来越不确定，导致企业面临着更为严峻的竞争态势与恶劣的生存环境。所以企业只是通过改进和完善自身原有技术和管理的做法，对于解决发展中的困境问题已经无效，更难以推进企业形成独特竞争优势并持续发展。企业开始逐步跨越组织边界的约束，从市场的竞争与对立理念向着既竞争又合作的方向迈进，开始谋求建立资源互补、风险共担、收益共享的新竞争范式，从而在合作中实现开拓、共享与竞合。协同创新组织作为契约型、虚拟化的协同性合作组织，旨在确立企业的主体地位，并始终坚持以市场为引导机制，将企业、高校、科研机构牢牢地黏合在一起，并建立一个平台和一种机制，使他们能够通过持续的沟通与合作，大幅提高创新的绩效。

协同创新组织合作过程中的技术共享可以促进成员间技术的相互交流，提高创新效益，推进技术进步。但在协同创新组织的运营与管理过程中，由于没有建立相关机制来规范资源的投入与配置，同时风险评估与管控体系没有得到建立与完善，特别是利益分配模式与方案不合理等问题频频出现，协同作用没有得到很好的发挥，导致协同效率低下，质量不高。在协同创新组织面临的众多问题中，由于成员互相争夺知识产权而带来的知识产权风险问题尤为严重。因为知识产权风险的存在，不但会破坏组织成员核心资源的价值，而且直接影响合作的收益及收益的分配，这是很多协同创新组织想要解决却又十分棘手，更无法回避的关键问题。协同创新中的知识产权风险表现形式繁多，主要有如下几种：自有知识产权被无偿窃取的可能性、由于管理不善导致知识产权流失的可能性、知识产权低效或无效回报的可能性、新知识产权归属不易界定的可能性等。因此，如何通过增加制度供给来规范协同组织的运作，约束各方成员的行为，控制或规避协同创新中的知识产权风险，从而提高协同创新的效率与效果，就成为一个不可忽视的研究主题，也是协同创新研究者的责任之所在。

诚然，协同创新组织成员间的技术合作与资源共享在很大程度上可以提高创新绩效并有效地实现创新的收益，但是由信息与资源共享行为所诱发的风险在很大程度上制约协同创新效率的发挥，从而降低合作的积极性与主动性，并将会使协同创新的绩效背离所有成员的期望，十分不利于协同创新的良性运作与可持续发展。故而，探索建立协同创新中的知识产权风险规范研究体系，并据此厘清协同创新中的知识产权风险，明晰知识产权风险对协同创新组织的作用机理，探索知识产权风险对协同创新组织形成质量的影响机制，清晰揭示协同创新组织运行各阶段知识产权风险的表现形式与控制策略就显得尤为重要且十分必要。

第二节　研究意义

一　学术贡献

以往学者大量的理论研究与实践表明，受多种内外部因素，特别是利益驱动的影响，创新特别是协同创新的夭折率达到50%以上，因此如何创建高质量的协同创新组织并高效地运行已经或正在成为创新驱动大环境下亟须解决的现实难题。

在创新驱动发展战略背景下，协同创新对于企业而言既具有很强的诱惑力，也具有很强的挑战性，是一项不可回避的研究课题。虽然企业已经架构起对于协同理论特别是协同机理的认知框架与研究模式，但是以前的研究还仅限于协同创新的基本概念与属性等部分的规范演绎，而很少以协同创新的绩效评价以及协同创新过程中的知识产权风险为研究主题，其中开展实证研究的相对更少一些。

基于一般的认知逻辑，将知识产权风险归为法学领域是无可厚非的，这也符合当前的研究主流。大部分学者以单个企业为样本，研究知识产权的流失问题，并将其笼统地定性为法律意识淡薄与法制体系的不完善。虽然从法学角度研究知识产权风险已经成为趋势，也有少部分学者从管理学视角探究知识产权风险的理论与实践，这其中的核心内容就是知识产权风险的影响因素模型。但极少有学者从知识产权风险对协同创新质量及协同绩效影响的视角进行深入剖析，使得知识产权风险管理与控制对策既缺乏深度又不具有针对性与现实可操作性。同时，由于激励机制缺失，很多破坏知识产权的案件得不到有效的解决，这不仅损害协同创新组织成员的经济利益，而且也大大挫伤了各个成员进行合作创新的积极性，并破坏了协同创新的稳固性。

国内外学者一般从资源依赖的视角来研究协同创新中的资源，结论表明协同各方都互相依赖对方的资源。也有少数的学者以企业自身为研究对象，考虑各自资源的差异性与独占性分析协同资源合作创新中的知识共享，指出企业存在着关键知识流失的风险，企业自身在协同合作中面临着比较竞争优势的丧失，严重时还会导致大量的经济损失。[1]

本书以协同创新中的知识产权风险为研究对象，采用多元的研究视角与差异化的研究方法，从规范与实证两大研究方法入手，尝试性地揭示了知识产权风险的内涵、特征与成因，同时提出了协同创新组织运行的三阶段论，系

---

[1] 张留金：《竞争性战略协同中资源依赖性对协同关系风险及协同绩效的实证影响研究》，硕士学位论文，重庆大学，2009年。

统地分析了各个阶段知识产权风险的作用机理，同时富有针对性地提出了控制对策。具体而言，本书的学术贡献突出表现在如下三个方面：

一是对协同创新战略研究领域的学术贡献。随着世界科学技术的日新月异，新的科技革命将会产生，并使得国家、区域甚或企业相继将创新驱动发展作为最根本的发展战略，因此协同创新也就成为关键的创新路径。但当下的学术界对协同创新的深入研究还很欠缺，既没有从知识产权的角度研究协同创新，也缺乏从协同创新组织运行的生命周期——形成、运行和结束三阶段的角度进行论证。而协同创新中的知识产权风险已经成为目前阻碍协同创新快速建立、高效运行和有效产出的关键。因此，研究协同创新中的知识产权风险产生原因、影响因素以及识别防范，对我国的协同创新战略具有重要的学术价值。

二是对知识管理研究领域的学术贡献。当前我国的知识管理研究正处于上升阶段，关于以"知识"为核心概念的相关理论研究正在逐步拓展，尤其是将"知识"这一核心概念进行扩展的应用型研究较为匮乏。本书关注于知识管理中的知识产权在协同创新中的共享和转移研究，深入分析协同创新组织中的成员如何在协同创新组织内部共享、转移和分享知识的有效实现形式，即知识产权，并对这一过程中的风险和对策进行探讨，从而对我国的知识管理研究做出富有意义的推动性和完善性工作，促进该领域的学术研究进展。

三是对协同创新组织及其成员企业知识产权战略的学术贡献。本书对协同创新组织及其成员企业在合作中的知识产权问题进行了科学、系统、深入、细致的梳理与分析，并从协同创新组织的形成、运行和结束三阶段,以及协同组织自身、成员及外部政策环境三个层面,探讨了防范和控制知识产权风险的对策与方案,对于推动协同创新过程的知识共享是非常有利的,同时也可以提升协同企业的核心竞争优势。因此,本书的研究在协同创新组织的高效运行及协同创新成员的知识产权战略制定等方面都具有一定的学术借鉴价值。

二 实践价值

近年来,通过协同方式进行创新成为企业合作创新的重要组织形态之一。但其成员普遍都具有较强的机会主义倾向,甚至干脆搭便车并降低自己的投入与努力水平,这样不仅放大了其他成员企业可能面临的知识产权风险,而且也会对整体创新的健康发展带来巨大的负面效应。关于如何创建协同创新的长效机制,削减协同运作中的知识产权风险,解决协同创新不稳定的问题,协同创新的管理者、参与者等都处于摸索阶段。本书通过对协同创新进行深入的探究,针对协同创新中存在的问题,以协同创新中的核心问题——知识产权为切入点,分析由知识产权风险引发的创新绩效低下等关键问题,对充分发挥协同创新的真正价值、实现创新驱动发展,具有重大的现实价值。

一是为各级政府更加有效地推动"创新驱动"发展战略提供实践指南与理论方向。党的十八大提出了创新驱动的发展战略,科技部大力推行产业技术创新战略协同政策,首先在国家层面加大资金投入,选择国家战略性产业,建立国家级协同创新中心,同时鼓励有条件的省市建立基于各自支柱产业的共性技术创新联盟。协同创新是一种高级的合作创新组织,秉持以企业为主体、以市场为导向的基本原则,为各个利益相关者构建起了高效的产学研合作交流平台,取得了非常好的反响与进展。但理论与实践总有一定的差异,协同创新组织的运行面临很多的问题,如创新绩效不显著、协同创新流于形式、知识共享与转移面临重大障碍等,其中知识产权风险问题表现最为突出,因此本书最核心的问题就是协同创新组织运行中的知识产权风险问题。本书关注协同创新组织运行各阶段知识产权的投入、共享、分配等实际问题,从政府、协同创新组织体和成员企业三层次探讨解决知识产权风险的策略与途径,从而更好地解决当前面临的关键问题,推动我国协同创新的快速发展与有效运行。

二是指导各类协同创新组织的顺畅运行。现实中,企业合作的需求与内容是差异化的,而合作的形式则是多元化的,如纵向产业链协同创新、横向同类型企业协同创新、市场战略协同创新、人才共享战略协同创新、技术协同创新,以及松散型协同创新、紧密型协同创新等。这些协同创新的模式可以满足各方利益共担、资源共享的需求,但也面临机会主义盛行与优先投入等问题。本研究所提出的建立协同信任、加强契约控制、解决委托代理问题、主动知识外溢策略、协同竞合关系处理以及完善的利益激励机制等,可有效解决不同协同创新组织形式所面临的共同问题,从而降低协同创新组织运行的阻力。

三是帮助成员企业建立完善的知识产权风险管理框架。在创新驱动发展已经上升为国家意志的当下,如何有效提升企业的创新能力是执政者必须解决的问题,也是企业必须面临的战略抉择。通过本项目的研究实施,可以辅助企业做好如下几件事情：（1）帮助企业构建知识共享与知识获取的全新战略框架；（2）建立知识产权风险管控机制；（3）建立知识产权风险识别机制与预警系统。

第三节　学术名词厘定

准确理解学术概念对于研究的设计与顺利开展非常关键，同时也有利于把握本书的思路与容量范围。下面将对协同创新、知识产权风险等若干学术名词在本书中的内涵及外延进行恰当的界定。

一　协同创新

自协同创新出现以来，关于协同创新的概念可谓众说纷纭。有学者认为协同创新是由一个具有独立法人地位的企业、科研机构或其他企业等建立协同契约关系，在保持协同成员相对独立的同时，为合作开发共性技术而形成的一种合作共生机制，这种机制主张产出共享、资源互补、风险共担。协同创新组织的研究成果对于协同成员而言是免费的，而协同组织外的企业则只能通过付出一定的代价才能获得相应的知识产权。因此，协同创新是一种以特定技术成果的创造和应用为目标，由两个或两个以上技术创新主体合作开展创新活动、具有俱乐部性质的组织形态。

考虑到实际研究的需要，本书对协同创新做如下界定：协同创新是一种合作创新的组织方式，目的在于攻克单个组织难以解决的技术难题或关键共性技术。根据参与的主体机构的不同，协同创新可以分为很多种：首先就是指企业与各类科研机构、院所之间基于创新目的的合作；其次也包括企业为保持长期的竞争优势，而与其他企业之间建立的创新战略协同；最后也涵盖基于区位优势互补与基于地理邻近性的区域性创新合作体系与创新网络。因此，协同创新较之战略协同、产学研合作与知识协同等，范围更宽泛。

二　知识产权风险

随着知识经济时代的到来，知识将帮助企业获得战略性竞争优势，从而成为企业的第一竞争要素。由于企业面临的外部环境变得更加不可预测，故而与知识相关的知识产权风险将成为以后风险管控的主流。协同合作只有建立在双方信息共享与知识交融的基础上，才能高效率地运行，确保创新的效果，但企业同时也面临着两难困境：企业一方面必须依靠合作伙伴技术与知识，但另一方面又不得不将自身的关键知识与核心技术暴露给合作伙伴，如此博弈则每个合作伙伴都不愿与其他组织共享自身的核心资源与机密信息，最终使得协同合作的效果大打折扣，浪费资源。一般情况下，知识产权所有人和使用者所面临的风险取决于知识产权的价值及由此而引发的竞争的程度。

各自独立的企业组成协同组织，由于信息不对称、合作目的不明确和合作成员之间的博弈等因素的交互作用使得协同创新面临极大的、各种各样的风险。动机决定行为，合作成员的意图决定了自身的差异性合作行为，从而引发多元化的竞合风险，其中知识产权风险的影响最为突出。研究知识产权风险的切入点很多，但大部分研究人员还是青睐法学视角，将知识产权风险仅仅界定为一个法学范畴，并进行深度剖析。而本研究则运用管理学的基本原理与研究框架，对协同创新所面临的知识产权风险进行探讨，并将知识产权风险定义如下：协同创新组织的合作伙伴之间互为委托—代理的合作关系，使得搭便车与机会主义盛行，从而导致知识产权持有人的当前或潜在权益面临损失的一种可能性，而且所拥有的知识产权的商业价值越高，则面临损失的风险也越大。

企业选择将自身的关键性资源——稀缺且有价值的知识投入协同组织，目的是获得更多的回报。企业所拥有的资源是多维度的，而相比财务资源、物质资源、人力资源等而言，能为企业获得核心竞争优势的并且不能被轻易模仿的资源就是知识，而这正是本研究的关注点所在。

三 契约控制

Nandini Lahiri 和 Sriram Narayanan（2013）认为企业的规章制度会非常显著地减弱协同创新规模对创新绩效和财务绩效的影响。[①] 在协同创新中，一般可以通过基于多方意愿的正式契约来规范协同成员的行为。基于约定，协同组织可以对合作各方的权利与义务进行明确的规定与约定，这就使得合作伙伴能够运用契约来维护自身的权益，从而有效应对机会主义行为。本书所研究的契约控制特指协同创新组织成员之间的、经过书面约定的程序、规则、条款与承诺等，在书面合同中，各方的责任与权力、利益与义务都进行了明确的表述，并就利益分配方案进行认定，从而清晰界定监督的范围大小、违背协议之后的处罚及创新

[①] Nandini Lahiri and Sriram Narayanan, "Vertical Integration, Innovation, and Alliance Portfolio Size: Implications for Firm Performance", *Strategic Management Journal*, Vol. 34, 2013.

产出与利益分配模式，还包括意外情况的预警方案与处理对策。

四　快速信任

1996年，Meyerson，Weick和Kramer等人研究发现基于少数证据的快速信任是信任临时组织的基础与逻辑，否则就会影响不同组织的合作基础，从而导致合作的失败[①]。为了将这种临时的信任与正常的信任区分开来，Meyerson等人提出了"快速信任"这一概念，认为这是一种特别的信任，它是合作各方为了最大程度地降低合作成本、提高合作效率、最大化合作效益，而产生的一种基于集体理性的特殊关联逻辑，目的在于维护某种合作形式的稳定与确定，同时控制所面临的风险与问题，后来的学者都自然地采纳了这一概念。从这个概念中可以看出快速信任是一种群体式的信任，是对组织整体的认同与期待，是在综合考虑组织特征、任务部署、团队属性等基础上建立起来的。快速信任对于临时性合作组织而言具有很重要的价值，有助于相互之间强化沟通与交流，从而有效降低相互之间的机会主义行为与道德风险。

第四节　研究思路与框架

思路决定出路，为了确保研究的质量与研究目标的达成，结合协同创新知识产权风险研究的复杂性与不确定性，

[①] Meyerson, D., Weick, K. E. & Kramer, R. M., "Swift Trust and Temporary Groups", in R. M. Kramer & T. R. Tyler (eds.), *Trust in Organizations: Frontiers of Theory and Research*, Thousand Oaks, CA: Sage, 1996.

下面将仔细厘清研究思路与进展路径并构建一个相对科学合理的研究框架，以容纳相应的研究内容。

一　研究思路

有关协同创新的研究具有相当的挑战性，因为它涉及多个利益主体，并且由于各个主体的利益所在，无法获取大量的实践数据来开展精细化的研究与解析型的探讨。因此，本研究首先采用规范演绎方法，试图从理论层面剖析知识产权风险的理论内涵、本质特性、影响因素与形成机理；其次运用结构方程模型进行实证研究，通过采集参与合作创新的企业样本数据，对知识产权风险与协同创新组织的形成绩效以及最终创新绩效之间的关系进行验证；最后，将协同创新组织的生命周期分为三个阶段，采用实证与规范相结合的方式，揭示各个生命周期阶段知识产权风险管理机制与控制策略。

二　研究框架

根据前述的研究思路，结合研究的基本逻辑与范式，考虑到研究的可操作性，本书共分为四大部分，共计十二章内容。

第一部分：协同创新知识产权风险研究的缘起。此部分分为三章，主要论述如下三个层面的问题来表明研究协同创新中的知识产权风险的紧迫性与必要性。其一，研究背景、研究的学术贡献、研究的实践价值及有关学术名词的厘定；其二，与协同创新及知识产权风险相关领域的理论研究现状与文献综述；其三，协同创新的价值与挑战。

第二部分：协同创新知识产权风险理论与实证研究。

这部分共安排三章，分别从规范和实证的视角构建知识产权风险的理论框架并深入分析验证知识产权风险与协同创新之间的内在关联，量化知识产权风险对于协同创新的影响（包括协同创新组织的形成质量及协同创新绩效两个维度），揭示知识产权风险管理对于协同创新运作的价值与意义。

第三部分：协同创新知识产权风险控制与管理。本部分研究涵盖五章，以生命周期理论为基础，将协同创新组织的运作分为形成、运行与结束三个阶段，分别探索知识产权风险的特征、机理，以及相应的防范、控制与管理机制，同时构建具有针对性与可操作性的对策。

第四部分：研究结论、管理洞见、研究局限与研究展望。此部分安排一章的篇幅，提炼主要的研究结论，同时一分为二看待本书的贡献与局限，并展望未来有关知识产权风险的研究领域与相关主题，以期在后续的研究中继续深入探讨。

第二章

协同创新理论基础及文献述评

协同创新作为一个充满挑战的研究对象与科研领域，相当多的学者对其开展了丰富多彩的探索，也形成了相应的研究理论与研究文献。总体来看，协同创新的理论基础主要有资源基础论、资源依赖论、知识基础论、契约经济学和社会学理论等。文献述评主要从协同创新的理论体系（背景、类型、动因、生命周期等）、协同创新中的知识产权风险（类型、表现、防控机制等）、协同创新中的协同控制、协同创新中的快速信任及协同创新的绩效评价等几个方面展开。

第一节 协同创新的理论基础

企业开展创新是为了获得具有相对垄断性的优势与话语权。因此，创新能力的强弱就直接决定创新的效率与效果，但创新的能力归根结底又取决于企业所拥有的资源及资源禀赋，在这些资源中，除了传统的人、财、物三要素外，创新最不可或缺的就是知识或技术，因为知识或技术是创新的直接来源。然而，企业若想通过协同方式来开展合作型技术创新，其效果则不仅仅取决于自身及合作伙伴所拥有的核心资源，在很大程度上还取决于双方或多方所制定的契约的完备程度及相互的信任程度，这样才能更好地解决信息不对称问题及机会主义行为。学者们已经围绕资源、能力、契约、产权、信任从多个学科的角度开展了卓有成效的研究工作，并取得了丰富的研究成果。下文将从上述几个研究领域梳理提炼理论要点，作为本书的理论基础与研究起点，并试图从中发现研究的线索与逻辑。

一 资源基础论

有关企业独特竞争优势理论的研究，最典型的代表人物是张伯伦与罗宾逊。两人在1933年撰文深入分析了企业核心竞争优势的来源，并认为企业的独特竞争优势与超额经济利益来源于自身所拥有并控制的资源的质和量。[①] 梳理文献发现西方有关资源基础理论的研究经历了如下几个时期：

首先，资源基础理论与马歇尔所提出的企业发展观点及内生理论是一脉相承的。随后，学者Penrose（1959）提出了企业内在成长理论，Penrose将企业所拥有的资源与能力看作企业能够获得经济效益的前提与基础，因此Penrose被后人誉为资源基础论的开创者。[②] Penrose将企业看作资源的集合，认为企业所拥有的异质性资源影响着企业绩效。20世纪80年代以来，大量学者开始将研究精力投入与资源

[①] Das, T. K., Bing-Sheng Teng, "A Resource-Based Theory of Strategic Alliances", *Journal of Management*, Vol. 26, 2000.

[②] Penrose, E. T., *The Theory of the Growth of Firm*, Oxford: Basil Blackwell, 1959.

相关的理论的研究，大大地丰富了资源基础理论，并取得丰硕的成果，这就在某种程度上标志着资源基础理论的成熟。

Wernerfelt（1984）首次较为系统地阐释了资源基础观。[①] 他认为外部市场环境和企业内部资源（如能力、知识、技术、人才等）都可以帮助企业获得并保持竞争优势，继而获得超额利润，但比较起来企业内部的能力与资源更为关键，对于优势的保持起着决定性的作用。与此同时，Rumelt 也赞成以上观点，认为企业内部资源的价值非常大，而且认为公司就是一组资源的集合，企业通过配置它的有形、无形资产，拥有专用的、不能完全转移的资源来取得和保持竞争优势。[②] 而 Dierickx 和 Cool（1989）是将企业竞争优势来源的内部资源做了进一步的分类研究：不可交换的资源、不可仿效的资源、不可替换的资源。[③] 他还认为各种资源的有效整合就构成了企业，而企业要想获得并持续保持核心的比较竞争优势，应当同时拥有上述三种资源。

将资源观作为分析企业竞争优势的发生和持续的基本框架，可以追溯到 Barney（1991）[④] 和 Peteraf（1993）[⑤] 所做的研究，此二人对此进行了全面的分析与论述，为本课

[①] Wernerfelt, "A Resource-Based View of the Firm: Summary", *Strategic Management Journal*, Vol. 5, 1984.

[②] Rumelt, "The Dilemmas of Resource Allocation", *Journal of Business Strategy*, Vol. 2, 1981.

[③] Ingemar Dierickx, Karel Cool, "Asset Stock Accumulation and the Sustainability of Competitive Advantage: Reply", *Management Science*, Vol. 35, 1989.

[④] Barney, J. B., "Firm Resources and Sustained Competitive Advantage", *Journal of Management*, Vol. 17, 1991.

[⑤] Peteraf, Margaret A., "The Cornerstones of Competitive Advantage: A Resource-Based View", *Strategic Management Journal*, Vol. 14, No. 3, 1993.

题的研究奠定了基础。1991年，Barney撰文提出，一种资源之所以能够成为企业核心竞争优势的源泉并能可持续，价值、稀缺、难以模仿和难以替代是其中的关键。有价值的并且稀缺的资源使得企业能够不断地进行创新，从而形成自身独有的内部优势；而资源的另外两个特性（难以效仿且不可替代）则可以在自身与竞争对手之间形成一道不可逾越的鸿沟，使竞争对手望而却步，从而达到保持自身竞争优势的目的。Peteraf创造性地提出，企业为了打造并形成竞争优势，自身所拥有或控制的资源，必须同时满足如下四个基本的要求，即：（1）资源的非同质性，突出表现为企业内部的资源相对竞争对手而言是差异性的，而且是其他组织所不可能拥有的。（2）对竞争对手进行前馈性限制。即当一个企业采取某种创新时，促使其他企业难以采取同样创新。（3）资源的不完全流动性。这种资源会保留在企业中，为企业带来竞争优势。（4）实现对竞争的后馈限制。也就是说，即便企业获得了较强的竞争优势，但依然要提高警惕，保持自身资源的价值和持续的竞争力，防止竞争对手撼动自身市场地位。Barney研究与Peteraf的探讨可谓相辅相成、相得益彰，前者的价值在于明确地给出了能够形成竞争优势的资源的特性，而后者则建立一个体系帮助企业获得并有效保持竞争优势。

　　随后，学者们开始运用资源基础论来研究协同问题。较为系统地将资源基础论运用于分析协同创新研究的是Das, T. K.和Teng, Bing-Sheng（2000）等，他们通过研究认为协同创新成员可以为协同创新带来四种有价值的创新要素：知识资源、经营管理技能、资金资源与物性资源。[①] 企业之所以选择协同创新，其目的是共享并获得其他组织的资源，用以弥补自身资源的缺陷与不足，从而更好地开发和挖掘自由资源的价值，获得竞争优势，形成企业对外部市场的控制力与影响力，实现企业的又好又快发展与永续经营。而对于协同创新而言，企业更为直接的意图就是借助外脑或外部智力资源来提升自己的创新能力与创新绩效，但可能也存在着由于创新本身带来的问题，会让企业的创新实践蒙受损失，其中最重要的问题就是知识产权风险对协同创新形成质量与协同绩效所带来的负面影响。

二 资源依赖论

创新的本质是依赖各种现有的资源来衍生新的观念、思想、原则、制度、流程、知识、技术或工艺等。为了解决资源依赖问题，组织就会从环境或市场中寻找适合自身的资源。然而由于所有的企业在经营中都会秉持这种理念与逻辑，于是形形色色的协同创新理论应运而生，其中最重要的就是资源依赖理论，可用来解决企业关心的重大关键技术难题。

有关资源依赖理论的演化与进展，费佛尔和萨兰奇科是两个最值得一提的学者，此二人通过合著著作，对资源依赖理论做了详细而深入的阐述。

首先，资源依赖理论的四个基本假定：一是组织首先必须生存下来；二是组织赖以生存的资源，组织一般情况

---

① Das, T. K., Bing-Sheng Teng, "A Resource-Based Theory of Strategic Alliances", *Journal of Management*, Vol. 26, 2000.

下是不能生产的；三是组织必须保持对环境的高度敏感并进行良性互动，其中包括外部的其他组织；四是企业生存的关键是它能否与环境中的其他组织构建良好而和谐的竞合关系。

其次，一个组织对另一个组织的依赖程度取决于三点，即其他组织资源对自身的价值如何、能够获得该资源的可能性以及是否存在替代品并可否获得。

最后，依赖的程度也取决于三点，即资源价值对于组织的重要性、组织群体能够使用资源的程度以及替代性资源存在的程度。如果某个企业的生存离不开某种特有的资源，而这种资源凭自身的能力无法取得，同时也没有其他的可替代资源，那么，此时这个企业除了选择主动合作别无其他更好出路。

组织是一个在不确定的环境中运作的开放系统，资源是稀缺而有限的，任何组织都必须与外在环境发生交互作用，因为就资源而言它们不可能自给自足，也就无法实现可持续发展。企业通过与环境进行资源交换，目的是获得环境中的关键性稀缺资源。如此，组织很自然地就形成了对于外部资源的特定依赖，当然为了组织的发展，这样做是有价值的。1962 年，Emerson 就通过研究得出结论：资源的获取方式、利益相关者的介入、资源的有限性及资源的价值性四个因素决定了一个组织对于外部环境的依赖程度。[①] 企业为了实现自身利润的最大化，必须通过某种合作分享并共同运用其他企业的资源，从而创建一种其竞争对

---

① Emerson, "Power-Dependence Relations", *American Sociological Review*, Vol. 27, 1962.

手还未制定的增值对策，强化自身的竞争优势。

随着经济与市场全球化的不断推进，单体组织不可能获得在若干个市场实现高效竞争所必需的全部资源与能力。同时，由于资源不可替代、无法效仿，而且流动性欠佳，不同企业之间的资源依赖程度被更加强化了，企业明智的选择就是通过协同创新，来合法、合理地获得其他组织的核心资源、技术、能力与禀赋。更为重要的是企业的联合协同可以创造新的资源，特别是当两个组织的实力与能力旗鼓相当时，协同创新的价值更加容易发挥。实际上，企业之所以加入协同组织，本意是想获得自身所不具备的资源，所以资源依赖理论告诉我们：不同组织之间的协同创新除了实现风险分散并扩大规模之外，更为重要的是获得具有高度互补性的稀缺资源。

由前述可知，企业常规的经营与发展，在很大程度上离不开丰富多样的资源，而这些资源大部分可能掌握在其他组织手里，企业必须构建与其他企业的战略性合作关系，方能获得企业生存与发展所必需的资源，通过互相共享各自的资源与能力，从而达到共赢与共同获利的目的。因此企业若想持续地生存并发展下去，就必须与其他组织开展多种形式的合作，从而获得发展所必需的种种资源，而协同创新则是当前最为主流的合作形式之一。

三　知识基础论

创新必须依靠差异化的知识，而企业无法完全拥有全部的差异化知识，那么现实可行的做法就是与其他企业组织结成协同创新组织，从而达到"知识共享、风险共担、收益共分"的战略目标，以推动企业的无障碍、可持续发展。

　　创新管理的基本命题是必须搞清楚企业竞争优势的来源与延续性，可以从内外两个角度来探讨企业竞争优势的来源。在管理学界，基于外生观的创新管理模式流行于20世纪80年代，但以波特为主导的大量学者所秉持的资源观又重新激发了内生视角的创新理念。Foss（1996）和Hoskisson（1999）认为知识观是从资源观发展演化而来的，并且知识观在逻辑上与资源观、能力观是一脉相承的，而且可以将知识观看作资源观发展的最新阶段。[①] 所以，资源知识观的发展历程可以看作资源观理论的拓展与放大，是资源观的延续与新形态。Gerhard Speckbacher, Kerstin Neumann 和 Werner H. Hoffmann（2015）认为资源的关联性会通过知识和能力的转移影响协同效应的强度及协同目标的实现。[②]

　　基于资源观的视角，企业可以看作各种异质性资源与能力的契约性组合。企业经营与管理的主要任务在于通过优化配置现有的能力与资源，从而实现利润最大化与企业的资本财富增值，同时也可以缔造企业未来的核心竞争优势。但 Helfat 和 Peteraf（2003）发现资源观是有局限的，它不仅无法解释企业竞争优势的来源及形成机理，更无法

[①] R. E. Hoskisson, N. Foss, "The Corporate Headquarters in the Contemporary Corporation: What Do We Know and What Should We Know About It?", *Academy of Management Annual Meeting Proceedings*, Vol. 1, 2015.

[②] Gerhard Speckbacher, Kerstin Neumann, Werner H. Hoffmann, "Resource Relatedness and the Mode of Entry Into New Businesses: Internal Resource Accumulation vs. Access by Collaborative Arrangement", *Strategic Management Journal*, Vol. 36, 2015.

说明异质性资源与企业核心竞争优势之间的逻辑关系。[1] 故而，学者们就选择以知识为突破口，探讨分析企业竞争优势的来源问题，认为可以将资源看作广义上的知识，企业的竞争优势其实就源于知识的生产、积累与运用，于是知识观理论就自然形成了。知识观强调企业的竞争优势来源于企业所掌控的资源，并且可以从三个视角加以分析。展开来看，基于静态的视角企业所掌握的知识形成了企业的竞争优势，特别是难以仿效的和潜在的知识，直接决定企业的可持续竞争优势。Marco Tortoriello（2015）研究表明在知识共享网络中，积极的外部知识会通过协同创新成员内部结构对创新产生显著的影响。[2] Richard J. Arend, Pankaj C. Patel 和 Haemin Dennis Park（2014）将知识划分为四种类型，并认为四种知识之间是互补的，并且协同创新中的知识类型越少且越有价值，则协同的绩效会越好。[3]

四 契约经济学

组织本身就是资源持有各方在平等、自愿的基础上所达成的一种契约体系，通过这些契约，各利益相关者的权利、责任与义务得到明确的规范与陈述，从而确保组织的高效、顺畅运行。大量的新制度经济学派代表人物都将契

---

[1] C. E. Helfat, M. A. Peteraf, "The Dynamic Resource-Based View: Capability Lifecycles", *Strategic Management Journal*, Vol. 24, 2003.

[2] Marco Tortoriello, "The Social Underpinnings of Absorptive Capacity: The Moderating Effects of Structural Holes on Innovation Generation Based on External Knowledge", *Strategic Management Journal*, Vol. 36, 2015.

[3] Richard J. Arend, Pankaj C. Patel, and Haemin Dennis Park, "Explaining POST-IPO Venture Performance Through a Knowledge-Based View Typology", *Strategic Management Journal*, Vol. 35, 2014.

约及契约不完备性作为研究的主题，并形成了大量的新观点，这些新观点势必成为本书至关重要的理论前提。协同创新是比企业自身更为复杂的契约体系，因此契约的设计与控制凸显关键。

契约经济学于19世纪70年代逐步独立，主要包括三个流派：交易成本理论、激励理论与不完全契约理论。结合本课题的研究需要，选择不完全契约理论与交易成本理论作为理论基础，以便开发协同创新中知识产权风险研究的关联变量或前因变量。

在协同创新中，机会主义行为和对未来的不确定性预期，在一定程度上强化了知识产权风险发生的概率，不利于协同创新组织的形成与运作。而通过契约控制可以规范组织成员的行为，保证创新组织在一定的制度、规范、条例下运行，能够有效地降低知识产权风险对协同创新绩效的影响。在这里需要指出的是，交易成本理论中契约的不完备性是非常明显的，契约的不完备性一方面来源于契约当事人的有限理性，另一方面来源于外部环境的多变性。因此，仅仅通过契约控制的手段无法达到满意效果，还需要通过信任手段弥补契约控制的不足。

契约的不完备性是永远都不可消除的，但契约经济理论为我们研究协同创新组织既提供了强大的分析工具，也提供了一种新颖的角度，适用于研究与契约相关的主题。协同创新组织本质上是不同组织之间的契约约定，因此可以用契约经济学来加以分析。在契约经济学的理论分支体系中，交易成本理论主要聚焦于交易成本，并以如何通过契约控制机制来管理成本作为决策的衡量标准。但是，不可否认的是，寻求成本的降低只是企业之间组建协同创新组织的一个考虑点,而更多是为了实现资源共享来开发先进的技术创新成果,并分享合作伙伴的技术、信息、资源与标准等。

五 社会学理论

社会学理论更多关注协同创新中的信任问题。社会学认为信任渗透在社会交往活动中,是社会关系的润滑剂。部分学者认为,在当今社会机制中,没有信任的社会是无法生存的。罗伯特·D. 普特内姆认为"社会资本"的重要组成部分正来源于信任。哲学家福山对信任做了深入研究,他认为建立在传统、历史习惯等文化机制上的信任构成了一个国家的社会资本,因此一个国家的信任高低会影响该国企业的规模大小,从而影响国际竞争力。社会学家认为,市场是理性合作的结果,而契约和信任就是它的保障机制。但是环境的不确定性导致契约不可避免地存在不完备性,因此单靠契约并不能保障组织有效运行,在现实生活中,大多数契约是依赖信任的支撑完成的。[1]

目前对于信任的定义有很多,并未形成统一。从社会学视角出发,信任是社会关系的一个重要因素,是与社会环境和文化密不可分的(卢曼,2005)。[2] 协同创新组织在其整个生命周期的各个阶段会面临很多的变化和不确定性,而且这些环境突变是无法预知的,各个成员是否能对这些变化及时做出正确反应,往往决定了一个协同创新组织的

---

[1] [美] 罗德里克·M. 克雷默、汤姆·R. 泰勒:《组织中的信任》,管兵、刘穗琴译,中国城市出版社 2003 年版。

[2] Vessela Misheva, Soren Brier, "Foreword: Luhmanns Legacy for Psychology, and Media and Communication Studies", *Cybernetics and Human Knowing*, Vol. 12, 2005.

成败。协同创新各方主要面临两种不确定性：一是未来环境的变化，二是各方对未来变化所作反应的不确定性。正是由于存在着这两种不确定性，信任就成为协同创新组织成功与否的重要因素。

第二节 文献综述

一 协同创新理论体系

（一）协同创新的背景

20世纪80年代，企业之间的战略合作实践此起彼伏，非常活跃，但与之相关的理论探讨则显得滞后。1996年，Buckley和Casson运用经济学分析框架全面深入地分析和探索了MNCs（多国公司）相互之间的合作方式选择策略并提出了战略合作的几个重要形式，从而开启了学术界研究战略合作的先河与局面。[1] 纵向协同是这个时期的主要合作形式，合作伙伴也主要来自不同产业或同一产业的上下游企业。因此，后来的研究都聚焦于供应链管理领域的协调机制设计方面及不同成员之间的协调方面。

随着外部环境的不断变化及不确定性程度的提高，纵向协同在合作广度、合作深度及合作效果方面已经越来越不适应企业变化的需求，大量的企业已经意识到，为了实现长期稳定的发展，企业不但要与供货商、客户等上下游组织保持良好的关系，还需要与竞争对手进行必要的合作，从而实现资源与信息的共享，实现高水平的知识生产。

---

[1] Buckley, Reter J. and Mark C. Casson, "An Economic Theory of International Joint Venture Strategy", *Journal of International Business Studies*, Vol. 27, No. 5, 1996.

我国的协同创新实践源于20世纪90年代，以电子信息产业为代表，为了促进产业共性技术协同创新的发展，科技部等多个部门于2006年牵头发起了进一步促进产学研合作的领导小组。接着在2007年，领导小组在北京召开了产业技术创新协同合作签约暨试点启动会，由此协同创新的大幕就被拉开了。之后《国家科技计划支持产业技术创新战略协同暂行规定》（2008年）、《关于推动产业技术创新战略协同构建的指导意见》（2008年）等文件相继出台，《国家技术创新工程总体实施方案》（2009年）直接将产业技术创新战略协同推上了重要位置。之后，随着制度创新、技术创新、管理创新、模式创新等创新内容的不断发展，创新与产业、创新与区域、创新与企业、创新与文化等各类的"创新+"蓬勃发展，协同创新进入大发展阶段。

（二）协同创新的组织形式和类型

各类合作主题组建协同创新组织的目的就在于产出创新成果，根据参与主体的不同，协同创新的组织形式很多，既包括企业与各类科研院所、大专院校之间的技术合作研发，也包括处在同一产业链上的企业建立的产业共性技术合作创新，还包括跨越地理空间的、实现区位优势互补的区域合作体系。具体的合作形式，按照松散程度可以分为共同投入建立的紧密型协同创新组织，或者以契约为纽带的松散型协同创新组织。

关于协同创新类型的划分，不同的学者分类不同。根据协同依托组织划分，可以分为共建研究机构、共建经营实体、基于项目的协同等；根据协同参与的主体，可以分为点对点式、点对链式、网络式等；根据协同中主导力量的不同，可以分为市场引导型和政府引导型。在本研究中，鉴于协同创新组织数据采集的需要，协同创新的类型包括企业与各类研发机构、其他企业等开展的长期技术合作、技术合作开发、技术转让、技术入股等。

(三) 协同创新的形成动因

在企业技术协同创新形成的动因上看，Das 和 Teng 于 2000 年通过研究发现，企业一般是为了优化重构资源而参与协同创新。[1] 企业中的资源，如果具有互补性，并且是可持续的，那么就可以为企业带来优势，比如说技术、知识、信息等，所以企业能否识别、获得、评价与管控这种资源直接决定了协同创新的效率和效果。也有学者指出，企业可以通过加入协同创新组织来共享其他企业的知识与技术，如 Hippen (2006) 运用实证研究方法揭示协同创新过程的本质是各个成员学习知识与相互适应的过程，并且技术的转移大多发生在协同共同体内，而非其他非协同的企业之间。[2] 国内学者相对较晚开始关注协同创新。2005 年，隋波和薛惠锋研究发现协同创新可以有效帮助企业打造竞争力，具体途径分别是分散风险、整合外部资源与加快创新的进度。[3] 吉峰也于 2007 年通过实证分析，就协同成员选择、企业战略设计、协同交流协调、制度机制、政府服务等几个方面进行了全面分析，从而提炼出了协同创新绩效

---

[1] Das, T. K., Bing-Sheng Teng, "A Resource-Based Theory of Strategic Alliances", *Journal of Management*, Vol. 26, 2000.

[2] Benjamin Hippen, "Innovation and the Persistent Challenge of Collapsing Goods", *The Journal of Value Inquiry*, Vol. 40, 2006.

[3] 隋波、薛惠锋：《战略技术联盟成因的新视角》，《科学管理研究》2005 年第 2 期。

的关键影响要素。[1] 知识管理理论表明，成功的知识转移依赖于资源的特点和接收者的知识，而且理论界已经确定能力、动机和机会是解释创造和知识转移的重要因素，也是协同的主要原因，并且外部知识的转移与吸收会对合作的绩效产生巨大影响（Yi-Ying Chang, Yaping Gong, Mike W. Peng, 2012）。[2]

（四）协同创新的生命周期理论

协同创新是一个从无到有再到无的基本逻辑过程，具有很强的生命周期性，因此，为了方便管理，可以将其划分为若干阶段。有的学者提出协同创新组织运行三阶段论：伙伴选择阶段、设计和谈判阶段、实施控制阶段。还有学者提出了五阶段过程模型，即合作方式的设计、成员的甄选、协商、管控和绩效评估。此外，还有学者提出了六阶段的划分方式，即协同创新的达成、协同成员选择、谈判、协同形成、协同运营、协同评价。由于划分视角的不同，导致最终结果出现分歧，Das 和 Teng（2002）集多种划分方法之所长，将所有的合作过程凝练为"形成、运营、结果" 3 个阶段，图 2.1 反映了这个基本过程模型。

协同形成 → 协同运营 → 协同结果

图 2.1　技术协同创新生命周期

---

[1] 吉峰：《基于协同的企业技术创新策略关键成功因素研究》，《科技导报》2007 年第 1 期。

[2] Yi-Ying Chang, Yaping Gong, Mike W. Peng, "Expatriate Knowledge Transfer, Subsidiary Absorptive Capacity, and Subsidiary Performance", *Academy of Management Journal*, Vol. 55, No. 4, 2012.

1. 协同创新组织形成阶段

在这个阶段,企业必须决定是否有必要参与协同创新。第一步,确立协同创新组织的目标,对企业的内外部环境展开全面评估,对协同的模式与合作的途径进行初步的规划;第二步,根据实际需要,甄选并确定协同成员企业,这一步必须谨慎,因为合作伙伴的质量高低直接决定协同创新以后的运行绩效。故而,协同创新成员的选择是协同构建阶段的核心任务。主导企业在与各个协同成员交流、谈判与沟通的基础上,根据自己的创新战略、资源禀赋及价值观念来挑选最合适的合作企业,从而奠定协同创新的前期基础。在形成阶段,企业之间只是达成初步的合作意向,并未就知识、技术与资源等展开深入的谈判与评估,并最终促成协同的达成。

协同创新成员的选择是形成阶段的主要任务,如何选择高质量的成员成为形成阶段的研究重点。Urs S. Daellenbach 等人(2004)以机械工业领域的协同创新为研究对象对协同形成阶段的影响因素进行了分析,研究认为,信任作为协同成员选择的一个重要因素,如果潜在的协同成员间以前存在过愉快的协同经历,则容易快速结成合作关系。[1] 研究进一步指出,由于技术、知识的共享结果最终以利益分配的形式呈现出来,所以各个成员在协同创新组织形成之前就要考虑成本投入和利益分配等问题,这对成员是否愿意加入,或协同组织是否顺利进行起着至关重要的作用。华金科和曾德明(2007)在技术标准协同的研究中认为,伙伴的选

---

[1] Daellenbach, Urs S., "Strategic Management: A Multi-Perspective Approach (Book)", *International Journal of Production Research*, Vol. 42, 2004.

择是技术标准协同成功的关键,并将兼容性、信息化、研发能力、市场能力、技术标准能力作为伙伴选择的标准。[1]综上所述,协同成员的选择主要从以下几个方面考虑:成员之间的信任、成本投入、资源互补性与兼容性、利益分配方式等。

2. 协同创新组织运营阶段

此阶段各成员需要以高度负责任的态度管理好合作关系并履行前面所达成的契约目标。每个合作伙伴都必须按照承诺投入协同创新所必需的资源,特别是知识、技术等无形的知识产权资源。在协同创新过程中,各个协同成员将会通过互相磨合达成默契,从而将各自的优势资源更好地结合起来,实现极大的互补,最终实现协同创新的任务,确保满足协同各方的预期。

3. 协同创新组织结束阶段

在协同创新目标达成后,协同创新的使命就已完成,而且也产出了前期预计的创新成果,此时需要对创新情况进行评估,从而做出下一步的决策。假设随着协同创新组织总体任务的逐步完成,各个成员也在合作中获得了各自创新收益并达成了市场的目标,在未来合作的意向会减弱,大家开始逐步回归独立运行状态。成员之间的交流会逐步减少,资源共享的频率也大大降低,且可能出现机会主义行为,从而使得各个成员之间不再信任,这样协同也就结束了。否则,各个企业之间还可以开展更加深入的下一步合作。

---

[1] 华金科、曾德明:《技术标准联盟伙伴选择研究》,《科技进步与对策》2007年第2期。

二 协同创新中的知识产权风险

仔细梳理现有可得文献,发现有关知识产权风险的研究可以分为两大分支:(1)关于知识产权风险内涵、特征、影响因素及管理的研究;(2)知识产权风险在协同各阶段的表现及后果。

(一)协同中的知识产权风险内涵、类型、影响因素与防范机制

当前有关知识产权风险的研究,大部分是从法律角度出发,且大都针对单一企业在技术创新过程中的知识产权风险问题,并且缺乏从管理学角度探讨知识产权风险实务的研究,即使有也只是涉及了知识产权风险的类型与构成。何瑞卿等(2006)[1]、Morgan 和 Sorin(2008)[2]的研究都指出,就单体企业而言,知识产权风险是指"知识产权的外泄与损失给知识产权所有权人带来未来收益损失的一种可能性"。但从协同创新的角度来看,张克英和黄瑞华(2007)认为是"由于合作伙伴各自的诉求不同,从而引发机会主义行为,从而对知识产权持有人的当下或未来带来损失的可能性"[3]。2002 年,Narayanan 从创新的角度切入并展开研究,发现如果合作协同创新能比自己单打独斗带来更多的回报,理性的企业自然会选择与他人合作,但是与技术有关的管理决策是十分复杂的,所有企业成员可能都会面临一定的

---

[1] 何瑞卿、黄瑞华、徐志强:《合作研发中的知识产权风险及其阶段表现》,《研究与发展管理》2006 年第 6 期。

[2] Morgan M., Sorin C. S., "Automated Software Systems for Intellectual Property Compliance", *Intellectual Property & Technology Law Journal*, Vol. 12, 2008.

[3] 张克英、黄瑞华:《伙伴机会主义行为引发的知识产权风险分析》,《科学学研究》2007 年第 4 期。

组织风险、知识产权风险与竞争风险。[1]

知识产权风险分类研究。学者们的研究视角是差异化的,所以分类的框架也就不同。张克英和黄瑞华(2007)对合作伙伴机会主义行为引发的知识产权风险进行界定,将知识产权风险分为知识产权流失风险和知识产权投入风险。[2] 何瑞卿等(2006)从诱发原因、风险事件对主体的影响、风险客体三个方面,将知识产权风险进行分类,并阐述了知识产权风险在不同阶段的表现。[3]

知识产权风险影响因素研究。张克英等(2006)从协同创新的泛环境、合作动机、企业属性、知识属性及合作关系五个方面对协同创新中的知识产权风险影响因素进行了理论分析,并提出了 15 个命题。[4] 初步阐述了协同创新中知识产权风险影响因素分析的理论框架,以及对协同创新中知识产权风险进行定量分析。何瑞卿等(2007)从知识特性、合作主体特性及协同创新的特性三个方面,分析了知识产权风险的影响因素,提出了 16 种假设,为今后合作研发中知识产权风险研究提供了基础。[5] 苏世彬和黄瑞华(2010)从"人、财、物"三方面入手,研究了企业合作创新中影响隐性知识转移的风险,并对这些影响因素之间

---

[1] V. K. Narayanan, "How Top Management Steers Fast Cycle Teams to Success", *Strategy and Leadership*, Vol. 30, 2002.

[2] 张克英、黄瑞华:《伙伴机会主义行为引发的知识产权风险分析》,《科学学研究》2007 年第 4 期。

[3] 何瑞卿、黄瑞华、徐志强:《合作研发中的知识产权风险及其阶段表现》,《研究与发展管理》2006 年第 6 期。

[4] 张克英、黄瑞华、汪忠:《基于合作创新的知识产权风险影响因素分析——理论分析框架》,《管理评论》2006 年第 5 期。

[5] 何瑞卿、黄瑞华、李研:《基于知识外溢的合作研发知识产权风险及其影响因素分析》,《科研管理》2007 年第 7 期。

的相互作用机制进行研究。①

知识产权风险防范措施研究。余平和黄瑞华(2005)分析了合作创新虚拟企业的特征,对其业务分包、企业共生和协同创新模式下的知识产权归属与风险问题加以研究,并提出了相应的对策,即完善契约制度、构建公平分享机制、建立风险防范法律平台。②汪忠等(2006)运用风险矩阵进行知识产权风险评估,对知识产权风险进行辨识,构建风险防范的内生体系和外生体系,并提出了解决措施。③

(二) 协同创新各阶段知识产权风险的表现形式与后果

1. 协同创新组织形成阶段

协同创新组织形成阶段,企业要对是否进行协同予以评估选择,其中核心的任务目标就是选择合适的合作伙伴。所以,协同创新成员的选择必须建立一套评估流程,确保万无一失。在寻找合作成员的过程中,一个重要的指标就是看对方所掌握的资源是否具有互补性,故而在协同创新的形成过程中,每一个成员可能都必须进行资源的展示与技术的沟通。然而这个阶段企业之间的合作还未有实质性进展,知识产权风险主要表现为以相互之间展示的外泄风险及由信息不对称而引发的道德风险(例如,恶意窃取、复制知识产权)。

---

① 苏世彬、黄瑞华:《合作创新隐性知识转移中风险影响因素分析》,《福建大学学报》2010年第3期。

② 余平、黄瑞华:《基于合作创新虚拟企业的知识产权风险及对策研究》,《科技管理研究》2005年第10期。

③ 汪忠、黄瑞华、张克英:《知识型动态联盟知识产权风险防范体系构建》,《研究与发展管理》2006年第1期。

2. 协同创新组织运营阶段

在协同创新组织运营过程中,各个企业应当切实履行承诺,执行约定的契约,并贡献自己所掌控的知识产权资源,与其他成员进行合作交融,以求通过吸收、消化来重构新的技术知识。在协同创新组织运营阶段,技术与知识的交流、分享是否成功直接关系到协同创新的产出与绩效。此阶段的知识产权风险重点是技术知识的外溢:技术知识持有企业提供的共享知识被其他协同成员私自挪用、协同成员知识转移过程中自身知识泄露、核心技术人员离职造成的技术知识流失、知识产权侵权等。

3. 协同创新组织结束阶段

在终止阶段,知识产权风险则主要是指协同创新组织所产生的新的知识产权而言的,所以知识产权风险主要表现为:创新成果流失的可能性,创新成果保护方式的有效性问题,成员贡献难以清晰界定所导致的分配问题和分配机制、方式等不科学带来的风险等。

三 协同创新中的协同控制

(一) 控制的内涵

控制是管理学的重要职能之一,是衡量管理活动效果的关键手段。有的学者将控制的本质理解为监督与管理的一系列流程,目的是确保企业的活动在正常的轨道上,不要偏离标准与计划。1996 年 Leifer 和 Mill 提出控制的实质就是限制,通过控制可以预测企业活动的标准与目标。[1]

---

[1] R. Leifer, P. K. Mills, "An Information Processing Approach for Deciding upon Control Strategies and Reducing Control Loss in Emerging Organizations", *Journal of Management*, Vol. 22, No. 1, 1996.

Das 和 Teng（2001）则将控制界定为限制，从而确保组织目标的实现，以及行为习惯的规范化，如学习与创新等行为。[①] 还有的学者认为控制的价值就是调节，通过建立明确的标准来清晰预测企业内部各个要素的运行规律，从而完成既定的目标。所以，对于协同创新而言，控制是必需的，也是急迫的，唯有能对协同创新进行控制，才能最大程度地发挥协同创新的价值。Deepak Malhotra，Fabrice Lumineau（2011）通过实证分析发现控制的条款增加了以能力为基础的信任，但是会减少基于信誉的信任，结果会导致继续合作的可能性的大幅下降，协调的规定增加了基于能力的信任，导致继续合作的可能性增加。[②] 因此，建立一个有效的协同控制机制对协同创新的形成、运营、发展具有重要作用。

（二）协同创新中控制的价值

1. 防范投机行为

协同创新中各个成员所掌控的资源具有较高的专属性，从而容易诱发机会主义行为，因此不可避免地将面临较大的知识产权风险，这可以从交易成本理论中找到依据。Nooteboom（1996）发现协同创新在早期主要关注不同组织的目标诉求以及由此而引发的风险。[③] 正由于控制方式与机会主义风险的关系，所以在具体控制方式上往往侧重契约

[①] Das, T. K., Teng, B. S., "Trust, Control, and Risk in Strategic Alliances: An Integrated Framework", *Organization Studies*, Vol. 22, No. 2, 2001.

[②] Deepak Malhotra, Fabrice Lumineau, "Trust and Collaboration in the Aftermath of Conflict: The Effects of Contract Structure", *Academy of Management Journal*, Vol. 54, No. 5, 2011.

[③] Nooteboom, Bart, "Trust, Opportunism and Governance: A Process and Control Model", *Organization Studies*, Vol. 17, No. 6, 1996.

控制、监督机制。Fabrice Lumineau 和 Deepak Malhotra（2011）研究表明契约控制的结构可以防范机会主义行为，从而提高协同的创新绩效。[1]

2. 降低协调成本

合作关系中协作成本与交易成本是并存的，因此降低协作成本也是协同控制的目标之一。Brush 和 Artz（2000）研究了不同控制方式下的协调成本以及存在的影响因素。[2] 由此可见越来越多的学者认为协调成本在协同创新控制中发挥着越来越重要的作用。

3. 最大价值创造

协同创新不仅要关注成本和风险，更应该关注新价值的创造。协同合作对于组织的整体学习具有积极的促进作用，整合的冲突解决机制对于合作创新发挥着重要的作用。Dyer（1997）通过详细分析合作中价值传播基本途径后，认为控制方式对价值创造起到了至关重要的作用。[3]

四 协同创新中的快速信任

（一）快速信任的内涵

学者们在研究临时团队时，提出了快速信任的概念。最早是 Goodman, L. P. 和 Goodman, R. A.（1972）将电影

---

[1] Fabrice Lumineau and Deepak Malhotra, "Shadow of the Contract: How Contract Structure Shapes Interfirm Dispute Resolution", *Strategic Management Journal*, Vol. 32, 2011.

[2] T. H. Brush, K. W. Artz, "Asset Specificity, Uncertainty and Relational Norms: An Example of Coordination Costs in Collaborative Strategic Alliances", *Journal of Economic Behavior & Organization*, Vol. 41, No. 3, 2000.

[3] Jeffrey H. Dyer, "Effective Interfirm Collaboration: How Firms Minimize Transaction Costs and Maximize Transaction Value", *Strategic Management Journal*, Vol. 18, No. 7, 1997.

戏剧表演小组作为典型的临时组织加以研究，认为临时组织就是为了完成一个复杂的任务，达成一个重要的目标，一群人临时走到一起所组成的临时性组织。[1] 这类组织有几个典型的特点，即明确的目标、紧迫的任务、短时间的合作、相互依赖的关系。临时组织中的成员相互依赖性非常高，但又不可能花过多的时间来进行充分了解。普通信任的形成不是一蹴而就的，需要一定的时间进行培养，但临时组建的组织却难以获得足够的时间来培育信任的达成，可是高水平的信任也的确存在于大量的临时团队中，这与普通信任是相悖的。于是学者们提出"快速信任"这一概念来解释这种现象，认为由于成员之间的差异化非常大，工作任务的复杂性也高，更缺乏在一起工作的配合和默契，因此，为了快速地投入工作，各临时组织成员之间需要快速建立信任（Meyerson et al., 1996）。[2] Meyesron，Weick 和 Kramer 是首先提出"快速信任"一词的，出现于"Swift Trust and Temporary Group"（1996）一文中。他们认为"快速信任是某种集体理解和集体关联的特殊形式，可以控制临时组织的不稳定、不确定、风险和预期问题的特殊信任"[3]，从而来解释临时组织是如何建立适应其组织形式的独特信任的。之后 Hung，Dennis 和 Robert（2004）认为

---

[1] Goodman, R. A., Goodmall, L. P., "Some Management Issues in Temporary Systems: A Study of Professional Development and Manpower—The Theatre Case", *Administrative Science Quarterly*, Vol. 21, No. 3, 1976.

[2] Meyerson, D., Weick, K. E. & Kramer, R. M., "Swift Trust and Temporary Groups", in R. M. Kramer & T. R. Tyler (eds.), *Trust in Organizations: Frontiers of Theory and Research*, Thousand Oaks, CA: Sage, 1996.

[3] 楚银、倪文斌：《临时团队快速信任影响因素研究述评》，《经济研究导刊》2009 年第 23 期。

"快速信任是普通信任发展的第一个阶段,快速信任等同为初始信任"[①]。

国内学者李燕和赵文平(2009)从启发性、系统性和习惯性三条途径出发并构建快速信任构成的概念模型,提出了快速信任存在的三种形态,即预设信任、认知信任和情感信任。[②] 秦开银、杜荣和李燕(2010)基于实证分析,检验了临时团队中知识共享对团队绩效及快速信任形成的调节作用,指出快速信任的形成分为基于算计的信任、基于了解的信任和基于认同的信任三阶段。[③] 楚银和倪文斌(2009)分为三个层面对临时团队中快速信任的影响因素研究进行了梳理总结,这三个层面分别是个人层面、团体层面和民族文化制度层面。[④] 杨志蓉(2006)在 Meyerson 等人的基础上认为"快速信任是基于集体感知和关联的能够控制团队中的不确定性、风险脆弱性和预期问题的一种特殊的团队信任"[⑤]。王艳和朱洲(2010)从快速信任的角度分析讨论了临时团队知识共享的问题,最后提出了在临时团队中有效构建快速信任的机制。[⑥] 文章从团队和个体两个

[①] Hung, Dennis, Robert, "Trust in Virtual Teams: Toward an Integrative Model of Trust Formation", Proceedings of the 37th Hawaii International Conference on System Sciences, Hawaii, 2004.

[②] 李燕、赵文平:《基于模糊认知时间图的临时团队快速信任的动态分析》,《科技管理研究》2009 年第 3 期。

[③] 秦开银、杜荣、李燕:《临时团队中知识共享对快速信任与绩效关系的调节作用研究》,《管理学报》2010 年第 1 期。

[④] 楚银、倪文斌:《临时团队快速信任影响因素研究述评》,《经济研究导刊》2009 年第 23 期。

[⑤] 杨志蓉:《团队快速信任、互动行为与团队创造力研究》,博士学位论文,浙江大学,2006 年。

[⑥] 王艳、朱洲:《临时团队的知识共享问题研究——以快速信任为研究视角》,《中国管理信息化》2010 年第 3 期。

层面来解释快速信任,团队层面,沿用了 Meyerson 对快速信任的定义,认为快速信任是"集体理解和集体关联的一种形式",团队成员为了完成紧急而复杂的任务聚集到一起,有着共同的目标。个体层面,作者认为快速信任主要是基于个体的声望、个性特征等因素。从上面的分析可以看出,快速信任在国内研究起步很晚,但从 2006 年开始,就有一些学者开始研究快速信任,并逐渐成为组织理论研究的一个热点领域。

(二) 快速信任与普通信任的差异

1. 概念认同的差异

关于普通信任的概念,从心理学视角出发,认为信任是个体在一定的社会环境中,心理层面上的反应和特征,是由情境刺激引发的个体心理和行为,强调的是个体的行为和特征。从社会学视角出发,认为信任是社会关系的一个重要因素,是与社会环境和文化密不可分的。经济学视角则大多从交易成本论出发,侧重研究基于算计的信任。管理学视角认为:信任的研究主要与组织相关,信任在一定程度上保障组织的有效运行。

目前关于快速信任的定义一直沿用 Meyerson 等人的定义,相对而言还是很统一的,但是研究的深度尚浅,无法对实践进行指导。Meyerson、Weick 和 Kramer(1996)认为在临时团队中,为了确保达成目标,必须快速相互信任,而不能将大量宝贵的时间和资源用来进行相互举证与相互了解。[1] 所以,快速信任不能将人际间的信任进行简单粗暴

---

[1] Meyerson, D., Weick, K. E. & Kramer, R. M., "Swift Trust and Temporary Groups", in R. M. Kramer & T. R. Tyler (eds.), *Trust in Organizations: Frontiers of Theory and Research*, Thousand Oaks, CA: Sage, 1996.

的求和，而是在综合考虑了很多因素的基础上建立起来的，这些因素包括团队的整体特征、组织形式、任务安排等，与人际间交往的承诺等相关性不大。

2. 建立时间的差异

普通信任的建立需要花费相当多的时间，并且在形成信任的过程中，组织中的个体之间必须通过沟通交流等方式来加强了解，并获取其他成员的背景信息，用以判断成员是否可信，而这些都依赖于个体的情感、认知与计算能力（Sitkin，1993）。[1] 但是，由于临时组织存在的任务紧迫、合作时间短等特点，各个成员难以在有限时间内建立一般意义上的信任，因此，快速信任并不是逐渐发展起来的，而是迅速直接输入的（Hung, Dennis & Robert, 2004）。[2]

3. 依托组织的差异

组织形式或组织结构会对信任产生影响，学者罗德里克·M. 克雷默等人在《组织中的信任》一书中，对这种影响的产生进行了系统研究。他们认为"组织形式概括为由所有者经营的企业形式和垂直整合的功能形式（多样化分支模式、混合矩阵式和网络式）"，而这两种形式的组织都属于正式组织，正式组织的环境是稳定的且可以预测的，组织内的成员之间的交往很频繁，具有较长的历史，因此

---

[1] Sitkin, S. B. & Roth N. L., "Explaining the Limited Effectiveness of Legalistic 'Remedies' of Trust/Distrust", *Organization Science*, Vol. 4, No. 3, 1993.

[2] Hung Y. T. C., Dennis A. R., Robert L, "Trust in Virtual Teams: Toward an Integrative Model of Trust Formation", Proceedings of the 37th Hawaii International Conference on System Sciences, Hawaii, 2004.

相互都很了解。① Meyerson（1996）认为"快速信任就不同了，其是在临时组织中建立起来的，而临时组织中多数成员相互不了解，也没有在一起合作的经历，而且今后一起合作的机会可能也很少，并且工作性质复杂、任务紧迫，需要尽快建立信任以便迅速采取行动，任务完成后团队就解散"②。同时，虚拟组织中也存在快速信任，因为虚拟组织也有临时组织的一定特性，如缺乏历史合作经验、以任务为导向、目标明确等。

4. 影响前因的差异

学者们对影响普通信任的前因开展了深入的研究，归纳起来有如下几个方面。一是社交因素，社交会强化不同个体之间的关系与感情，在频繁的社交过程中，信任自然而生，并不断得到固化（Stolle，2008）。③ 二是信任双方的个人因素。被信任者的固有特性会对信任的形成产生直接的影响，如个人的能力、人品及素质等，比如真诚的人更容易得到别人的信任。

从 Meyerson 等人提出的有关的快速信任的概念来看，普通信任包含快速信任这种特殊的形式，只是快速信任是基于团队层面而形成的，并且快速信任以人物、目标和角

---

① [美] 罗德里克·M. 克雷默、汤姆·R. 泰勒：《组织中的信任》，管兵、刘穗琴译，中国城市出版社 2003 年版。

② Meyerson, D., Weick, K. E. & Kramer, R. M., "Swift Trust and Temporary Groups", in R. M. Kramer & T. R. Tyler (eds.), *Trust in Organizations: Frontiers of Theory and Research*, Thousand Oaks, CA: Sage, 1996.

③ Dietlind Stolle, Stuart Soroka, Richard Johnston, "When Does Diversity Erode Trust? Neighborhood Diversity, Interpersonal Trust and the Mediating Effect of Social Interactions", *Political Studies*, Vol. 56, No. 1, 2008.

色为中心（Meyerson, Weick & Kramer, 1996）[1]。杨志蓉（2006）在 Meyerson 的研究基础上列举出了影响快速信任形成的因素："分类驱动的信息处理办法；基于角色的相互交往；任务相互依赖；成员多样化；明确的目标；召集人的作用；人才资源库和网络。"[2]

5. 维度划分的差异

关于信任的维度，有很多的观点，且不同的学者所选择的分析角度是不同的。其中认知型信任与情感型信任两个维度是从信任影响前因角度划分的，或者谋算型信任、了解型信任、认同型信任三个维度也是基于影响前因的。还有部分学者如 Barney 和 Hansen（1994）根据信任的强弱程度将信任划分为高度信任、中度信任和低度信任[3]。由于快速信任出现较晚，目前对于快速信任维度的相关研究很少，在有些涉及快速信任的文章中只是笼统地提到了高水平和低水平快速信任，并未对快速信任维度进行详细划分。

(三) 快速信任的影响因素

1. 角色期待与权威认同

一般而言，组织成员的特定角色和权威是很容易被认同的，这也是快速信任形成的基础。专业知识扎实和技术能力过硬的人在其所处的领域容易为组织创造价值，并带来良好的绩效。祁红梅和黄瑞华（2005）认为"基于角色

---

[1] Meyerson, D., Weick, K. E. & Kramer, R. M., "Swift Trust and Temporary Groups", in R. M. Kramer & T. R. Tyler (eds.), *Trust in Organizations*: *Frontiers of Theory and Research*, Thousand Oaks, CA: Sage, 1996.

[2] 杨志蓉：《团队快速信任、互动行为与团队创造力研究》，博士学位论文，浙江大学，2006 年。

[3] J. B. Barney, M. H. Hansen, "Trustworthiness as a Source of Competitive Advantage", *Strategic Management Journal*, Vol. 15, 1994.

期待是从成员在组织中的位置及专业性角度出发,有利于减少恶意预期从而使得判断程序更简洁、更稳定、更标准"①。组织将其成员根据技能、专长进行分类并使有相同技能或特长的成员彼此协作,有利于组织成员之间提高善意预期,便于快速信任的建立。

2. 任务的依赖性

组织中复杂的任务一般来讲都是非常规的,甚至很难被组织成员所理解,这是快速信任形成的前提。这样的话,组织成员就必须高度重视任务的完成。这就说明快速信任的形成是基于任务的,而与人际关系的关联度不高。因此,快速信任的这种高任务依赖性决定了组织成员想要单独完成任务是不可能的,所以相互的沟通合作是十分必要的。由此可见,对于任务的依赖性成了建立快速信任的黏合剂与催化剂。

3. 组织成员的多样性

组织成员所拥有的知识、技能等各类资源的多元化,使得成员的专业之间存在较强的互补性。不同的成员在沟通中都是从各自专业的角度出发的,在任务压力和事件紧迫的条件约束下,考虑利害得失的时间更少,更多的是思考如何更加高效地解决问题,从而减少机会主义行为,从而促进快速信任的建立(Meyerson, Weick & Kramer, 1996)。②

---

① 祁红梅、黄瑞华:《影响知识转移绩效的组织情境因素及动机机制实证研究》,《研究与发展管理》2005 年第 2 期。

② Meyerson, D., Weick, K. E. & Kramer, R. M., "Swift Trust and Temporary Groups", in R. M. Kramer & T. R. Tyler (eds.), *Trust in Organizations: Frontiers of Theory and Research*, Thousand Oaks, CA: Sage, 1996.

4. 任务目标明确性

目标是任何一个组织所最终追求的。只要目标是明确的，而且是可量化的，组织中的成员就有明确的方向，从而达成一致。因此，科学合理的目标是组织成员凝聚力的来源，缺乏明确且互认的目标，个体就不会走到一起，更不会同心协力完成任务。具体且有挑战性的目标在很大程度上决定着快速信任能否建立。

5. 组织制度保障性

组织必须通过建立正式或者非正式的规章、制度、条例等，来保障日常运行的规范与健康。规范、体系的组织制度能够促使组织上下按照既定的计划运作，从而减少不确定性，增加可预见性，进而带给组织成员一定的安全感，最终有利于快速信任的建立。

五 协同创新绩效评价

在协同创新组织构建之后，如何以科学合理且快速有效的方式去评估协同创新的绩效，至今仍是被学者们所广泛讨论的重要课题。协同创新绩效评价相当复杂，但也是研究中最有趣亦是最为困惑的领域。协同创新是以提升技术创新能力为目标的协同，对其绩效的评价也应基于技术的创新能力，因此本书将协同创新的绩效界定为技术创新绩效。

目前的研究主要集中在三个方面，即创新绩效的内涵和外延，创新绩效影响因素以及创新绩效的测量与评价。此方面的研究，国内外存在大量文献，在此不再重复罗列。

六 文献述评

综观有关协同创新知识产权风险的研究文献，虽然取得了很大的进展，但在研究的角度、方法、范式以及内容等各个方面，都还存在着一些需要继续深入的方面，而这也正是本书的现实切入点与理论逻辑起点。

（一）有关协同创新绩效的研究，大都将协同创新组织视为一个整体，对协同创新绩效进行界定，笼统地将结果作为唯一的评价标准，忽视了协同运行的过程性与发展性，很少对其进行阶段性划分，结果就是大多数学者将最终的协同创新绩效作为判断标准，如协同的吸收绩效、创新绩效等，却未能深入研究协同创新组织每个阶段的绩效或目标的达成情况。然而，在本书的大量访谈和深入研究中发现，绝大多数协同创新组织的完整生命周期都包括了协同创新组织形成、协同创新组织运行和协同创新组织结束三个鲜明的发展阶段，许多协同创新组织的形成阶段就困难重重，而且协同创新组织在形成阶段的目标是否达成直接影响着后期整个协同创新组织的正常运行和最终绩效的实现。如很多协同创新组织由于对未来绩效的预期不一致等，导致协同创新组织成员意见不一致、思想不统一，致使协同创新组织形成的速度一再延缓，不能按时推进各项工作，延误市场机会。因此，本书对协同创新组织的各阶段都进行了系统、全面的分析，重点探讨了在协同创新组织形成阶段的绩效表现形式。

（二）关于知识产权风险的成因研究不够系统，缺乏全面性与新的视角。多数学者主要从知识特性、组织特性、知识产权保护以及沟通渠道等视角分析知识产权风险产生的原因,并未在协同创新的背景下关注知识产权风险的成因,本书从资源角度对知识产权风险的成因进行分析,并认为资源的差异性、互补性、专有性是导致知识产权风险的主要原因。而且针对二者的相关关系做了实证检验。

(三)关于知识产权风险对协同创新质量和效率影响的实证研究甚为匮乏,对于风险防范与控制研究缺乏深度且针对性不足。本书在协同创新三阶段论的基础上,分别分析知识产权风险在不同阶段对协同创新绩效的影响。在协同创新组织的形成阶段,主要探索知识产权风险对协同创新组织形成质量和形成效率的影响;在结束阶段,将深入探讨知识产权风险对协同创新绩效的影响,将知识产权风险对协同创新绩效的研究推入一个更高的层次。特别地,在对协同创新结束阶段的研究中,将知识产权风险细分为两部分,即知识产权投入风险和知识产权流失风险,分析其对协同创新绩效的影响,深化了对知识产权风险的认识。

第三章

协同创新的价值与挑战

协同创新旨在通过资源的互补与人员的合作来提升组织的技术创新能力,降低创新的风险与成本,提高创新的绩效,从而帮助市场主体打造核心竞争优势,因此协同创新的作用与价值已经受到企业、市场及政府的认可。然而,无论在理论上还是实践中,我国协同创新的运行都面临着诸多的挑战与障碍。

第一节 协同创新的价值

企业为了获得可持续性的竞争优势,不断提升创新能力,必须要在不断整合自身内部知识的基础上,加大外部知识资源的吸收力度。由于外部资源和知识是差异化的,而且分布非常广,甚至要在全球范围搜寻,因此企业为了创新,通过构建全球化的合作网络来进行协同创新,不仅能够管控创新风险,降低创新代价,还能充分利用互补性的资源和知识来提高创新的效率和效果。因此,协同创新备受企业的青睐,成为目前企业开展合作创新的主流组织形式。

从组织理论的角度来看,协同创新是一种先进的组织模式与结构。通过协同创新,企业可以整合来自不同组织的知识资源,有效降低创新失败的可能性,从而快速应对市场需求的变化,以提高企业的技术创新能力,最终达到打造企业核心竞争优势的目的。在协同创新组织内部,存在大量的、常规化的信息交流与知识共享,这是创新开展的前提,特别对于知识型的技术协同创新而言,信息和知识的快速交换直接影响协同的效率与产出。

一 促进知识共享

依据知识基础理论,组织的根本性资源是不断更新的,构建和谐的跨组织关系,可以帮助企业整合来自不同组织的知识,并充分利用这些互补性的知识,创造新的知识和技术,从而提升企业的技术创新能力与基于此的核心竞争力。因为互补的知识能够为企业创造更多的效益与创新绩效,而这些如果仅仅依靠自身的单一性知识是难以想象的。知识的共享是动态性的,共享的各方都需要感知其他方的信息与诀窍,才能经由学习、吸引、融合和创新来更新原有的知识体系,从而形成新的战略知识,在这个过程中,知识的学习和能力的获取是关键。但知识、经验和技能的获取因为存在市场失灵、信息不对称、知识产权保护等障碍,所以难以通过市场机制进行交换和购买。而最为珍贵的隐性知识具有较强的组织黏性、无形性、转移成本高、路径依赖性强等特性,更难以实现转移和学习。协同创新的特性可以有效打破这种无形的障碍,促进潜在隐形知识的共享。

二 提高创新能力和效率

由于单个组织的能力是有限的,对于知识的吸收,显性知识比较容易被吸纳进入组织内部,但隐性知识的获取和吸收都存在较大的障碍。协同创新通过促成合作各方的创新合作,组织内每个成员都在学习与进步,通过相互之间的沟通与交流,可以在很大程度上促进隐性知识的吸收。而在知识的酝酿产生阶段,单个分工组织由于其认知能力和知识范围的限制,不利于创新能力的培育提升,此时协同创新的价值则明显具有优势。在协同创新组织中,有数量巨大的科研机构、大专院校和知名企业参与,在产业链中各自分工与协作,形成了一个基于资源分享的创新网络,共享的平台、共同的交流、共享的经验将带来高效、高能力的创新。

三 增加经济收益

从经济学视角来看,协同创新不仅可以降低交易成本,而且还可以增加额外的经济效益。传统的层级制度是依靠行政命令在组织内部运行的,而市场机制则是组织之间的资源交换机制。然而,随着经济社会的发展与市场的进化,这两种机制开始相互交融、替代,即在组织内引入市场机制,而市场也需要加强宏观调控与管理。新制度学派经济学家Williamson等认为,协同是行政和市场两种交易机制的混合体,一些企业加入协同创新组织是为了与其他组织共享资源,是为了不断学习新的知识,而另外一些企业则是为了清晰并强化自身的战略角色而加入协同创新组织。

第二节　我国协同创新组织面临的挑战

为实现协同创新的价值，企业通过组建协同创新组织来达成资源互补、合作创新的目的。但相关研究表明，协同创新组织的失败率高达40%~60%，在我国可能更高。换句话说，在协同创新的具体操作和实践中，我国还面临着很多挑战，必须客观面对并一一化解，方能将协同创新的价值与优势发挥到最大。

一　成员质量参差不齐

协同创新组织的成功依赖于各成员发挥协同效应、大家一起努力，从而获得个体成员难以取得的技术创新和市场收益。但一些成员存在"搭便车"思想、机会主义行为，总希望以少的付出获得协同集体收益，使得合作中出现了动机不正、质量不一的问题。这既会影响其他协同创新组织成员的付出和收益，更会影响协同创新组织整体运行的稳定性和未来的顺畅发展。

协同创新组织最大的优势就是不同企业之间资源的互补性与技术的集成性，因此协同创新组织的成员选择机制及所选成员的质量至关重要。协同创新组织一般由企业来主导，而科研院所与高等学校则可以为协同创新组织提供差异性的资源。但是许多协同创新组织成员的选择还主要依靠主观判断，缺乏明确的选择标准，更是没有根据选择标准来细化评价指标体系。

二 相互信任难以建立

参与协同创新的成员在贡献自身的资源、知识产权时，由于对其他组织成员的不信任或对协同创新组织未来发展前景的不确定，导致其投入犹豫和投入不完全，影响创新绩效。

在协同创新运行过程中，为了实现协同创新组织成员利益的最大化，各协同创新组织成员必须分享各自的信息和资源，主要包括如下几个方面：一是各成员企业的经营数据库；二是各个企业拥有的各类知识产权、人才数据、行业信息、市场资源等；三是共同设计、合作生产过程中对成员企业的图纸、资料的利用等。各个企业分享和交流这些信息和知识成果，是保障协同创新组织顺利而高效运行的基础。但是各个企业出于自我知识产权与经济收益的保护，往往难以做到共享，反而出现一些违背组织协同运行的行为，例如：只部分开放数据库，只共享显性知识而对隐性知识加以保留；通用的知识可以分享，而专有的知识则加以保留；保留部分更有价值的专利资源与技术知识；传递虚假、无效乃至错误的信息，如拔高专利技术水平评价度、夸大市场前景、将专利申请号改为专利登记号，或者隐瞒专利的有效性；等等。

这些合作中的负向行为必然会影响协同创新的效率与效果，甚至会引起合作各方的相互不信任，怀疑各方合作的诚意，故而可能花费更多的时间、精力和成本，探察其他成员的诚意与合作意向。所有成员都是希望在对方采取实质性的共享行为后，自己才进入合作的状态，以降低所面临的风险与不确定性。协同创新中一旦出现以窃取、挪用他人知识产权为目的的企业,那么就会出现大量的机会主义行为,使得其他的协同创新组织成员报复性退出,导致合作失败。

三 合作机制运行不畅

(一) 协调机制

协同论观点认为,系统内部各个要素都是互补的,若要达到使系统整体效应大于各个要素独立效应之和的效果,那么各个要素就必须互相配合协作,尽到自己的责任与义务,发扬团队合作精神。然而,协同创新组织的协调机制存在一些较为普遍的问题:

首先,管理协同创新组织是一项非常复杂的工作。此前,协同创新组织成员都是独立的法人,有着各自不同的管理模式、控制机制、文化取向与内部结构,因此,这就给管理者带来了巨大的挑战,使得管理的复杂性更大了,从而也会花费更多的行政协调成本;其次,整体组织管理中的效率和效果问题。成员企业之间都是相互独立的,具有不同的利益诉求与价值取向,从而在沟通与行动上很难保持一致,共同的指令与计划也就无法有效地执行,导致管理的效率低下,效果不尽如人意;最后,管理的监控存在很大的挑战。成员企业往往在地理上是十分分散的,无法监控下达的管理指令,很难得到相应的反馈。一旦成员企业无法理解管理指令,并且可能错误地执行了指令,甚至还不能快速地反馈指令执行情况,这些问题都有可能带来协同失败的风险。

(二) 信息沟通机制

顺畅的沟通机制能有效地整合情感因素,增强协同创新组织的吸引力与黏合性，从而打造一种倡导协同合作且充满正能量的文化氛围，使得各方成员能够更加高效地就市场信息、技术信息、科研信息等方面开展交流与共享。但我国协同创新组织在沟通交流的过程中也存在如下障碍：

一是沟通的目标不明确，发送信息的企业并不知道要发送什么样的内容，也就是说存在很大的不确定性，他们甚至连要表达什么都不知道，且不知道如何去表达，更不知道受众需要什么样的信息。二是传播媒介和渠道的选择不当，存在大量的噪声，从而造成信息的失真。三是沟通中的双方存在巨大的个体差异，如生活环境、成长经历、知识背景等的差异，对于同一问题的认识和理解不可能达成一致，导致难以仅仅通过沟通解决问题。如果各自还心存芥蒂、刻意保留，更加影响信息的交流和理解。

四　利益分配难以协调

利益分配是协同创新组织运行过程中复杂而敏感的问题，公平合理的利益分配机制是协同创新稳定发展的基础。协同创新组织成员如何承担巨大的研发费用，如何分割创新带来的知识产权、新产品利润、产品品牌、市场份额，如何担负新产品失败带来的风险等，往往会影响合作的稳定性。许多协同创新组织在运行前期比较顺畅，但到后期出现一系列的利益分配不公、新产品专利诉讼、产品品牌归属纠分等问题，导致联盟走向衰退和解散，核心问题就是利益分配难以协调，公正公平不足，不但不能激励协同创新组织成员进行技术创新，反而导致了失败。

五 信用缺失问题严重

在市场中，参与交易的企业是非常多的，并且每一次的博弈都是独一无二的，这就使得囚徒困境中的无名氏定理并不成立，当事企业没有必要和同一个合作伙伴进行重复的博弈，而是可以频繁地选择交易对象，从而滋生大量的不讲信用的行为与现象。换句话说，不讲诚信的企业即使欺骗别的企业，甚至是恶意违约，却还可以获得大量的合作交易机会。这样的后果就是，企业的信用意识越来越淡薄，失信的代价越来越小，形成扭曲的社会信用关系。

第二篇

协同创新知识产权风险理论与实证研究

研究知识产权风险对于协同创新的理论与实践而言意义重大，不仅事关国家创新强国战略的实现，更加关乎企业核心竞争优势的塑造与保持。为了更好地对协同创新过程中的知识产权风险进行治理与控制，必须建立知识产权风险的理论框架，分别针对协同创新组织运行的形成期、运行期和结束期，分阶段精细化地揭示知识产权风险的影响因素、形成机理与传导机制，并深入挖掘知识产权风险与协同创新绩效之间的相关关系，厘清知识产权风险对协同创新的影响并刻画其作用方向，构建协同创新组织中知识产权共享伙伴的选择模型、标准与条件，而这正是本部分的核心所在。

第四章

知识产权风险理论研究：理论界定与形成机理

协同创新中的知识产权风险类型复杂、原因多面，对其进行理论认知必须从多个视角切入，才能全面把握协同创新中知识产权风险的本质、特征与类型。本章将从管理学、资源及资源依赖理论、生命周期理论等视角，对知识产权风险进行系统认知并解析其运行机理。

第一节 基于法学视角的知识产权特征认知

一 法学视角的知识产权内涵

概念在人的思维中的作用是很重要的，离开概念就不能进行任何思维活动，所以概念是科学思维的总结。列宁说自然科学的总结是概念，其实社会科学的总结也是概念。概念的形成是一个由感性到理性，从个别到一般，从现象到本质，从局部到整体的深化过程。在这个过程中，运用比较、分析、综合、抽象、概括等逻辑方法，逐步舍掉具体的、现象的、感性的东西，最后只剩下一般的、本质的、理性的东西。确定一个概念应考察其内涵和外延，不应该偏废任何一方，否则，在以后的研究中就会在方法论上出现偏差，对事物概念的认识也就很难称得上准确，并且，对于明确概念应该用规范的语言表达，以免混乱。

根据《民法通则》的规定，知识产权属于民事权利，所以知识产权即知识财产权，它指的是民事主体对于在科技、文学、艺术等领域内的创造性智力成果在生产经营活动中使用的识别性标志所享有的权利的总称。它以国家法律的形式确认，用于保护公民和法人在科技、文学、艺术等领域所创造的劳动成果。

知识产权的保护对象是人们在文学、艺术、科学领域及产业活动中所创造的智力劳动成果或知识产品。知识产品既包括诸如作品、发明创造、职务新品种、集成电路布图设计等典型智力成果，也包括诸如商标、商号、地理标志、奥林匹克标志、特殊标志等之类的识别性标志等非典型智力成果。非典型智力成果虽然从形式上看似乎是与智力活动没有直接联系的商业商标或其他识别性标志，但仍具有智力成果属性，属于智力成果范畴。因为识别性标志的设计需要投入智力劳动，投入智力劳动的多寡及其创造性程度的高低与该识别性标志是否受法律保护以及保护程度具有直接关系。更重要的是，有关知识产权法律保护识别标志的根本原因或内在根源是保护凝结在这些标志中具有财产价值的信誉，防止被其他经营者使用。商标、商号等识别性标志产生信誉的过程，实际上就是投入智力劳动的过程。没有经营者在技术开发、宏观决策、微观管理、营销策划、广告管理、售后服务等方面智力劳动的投入，其商品或服务的良好质量、商标或商号的良好信誉就不可能产生。

二 知识产权的特征

任何事物的特征都是通过与其他事物相比较而总结出来的，知识产权的特征也是这样。我们关注和研究知识产权的特征，其目的是通过知识产权与我国民法中规定的其他财产所有权等民事权利的区别，进一步弄清楚知识产权的本质内容。

1. 知识产权的无形性

知识产权是一种新型的民事权利，一种无形财产权。所谓无形财产权，是说知识产权的权利客体——知识产品（或称为智力成果）具有非物质性，是一种没有形体的、不能通过人的感觉器官去感知的精神财富。这一特点把它同一切有形财产及人们就有形财产享有的权利区分开来。一辆汽车，作为有形财产，其所有人可以行使权利转卖它、出借它或出租它，标的是该汽车本身，即该有形物体本身。而一项专利权，作为无形产权，其所有人行使权利转让它时，标的可能是该产品的制造权，也可能是该产品的销售权，而非该产品本身。知识产权的无形性这一特征，给知识产权保护、知识产权侵权认定及知识产权的贸易带来了比有形财产在相同情况下复杂得多的问题。

2. 知识产权的专有性

知识产权的专有性，即知识产权具有排他性和绝对"垄断性"的特点。与有形财产所有权的排他性和绝对性相比较，知识产权的专有性有两个方面的含义：其一，知识产权的权利人对其智力成果享有独占、垄断和排他的权利，这种专有权利受到法律的严格保护，没有法律的规定或者未经权利人的授权许可，任何人不得使用权利人的智力成果；其二，对同一项智力成果不允许有两个或两个以上的同一属性的知识产权并存，同一项财产不能有两个相互独立的权利人存在，类似于物权法律制度中的"一物不能有二主"。例如，两人分别拥有两栋样式完全相同的房屋，他们均有权互不干扰地出让、专卖、出租等。而两个人搞完全相同的发明，则在分别申请的情况下，只可能有其中一个人取得专利权。获得专利权的人将有权排斥另一个人将自己搞出的发明许可转让他人，另一人仅剩下"在先使用权"。不了解知识产权的这种排他专有性，往往是发明人丧失自己应有权利的一个重要原因。所以在一国范围内（或者一定的地域范围内）同样内容的发明创造只能授予一项专利，只能有一个专利权人。就如相同的商标，在同类商品上只能存在一个商标权（或者称为商标专利权）。

3. 知识产权的地域性

知识产权的地域性，是指知识产权作为一种专有权，在空间上的效力不是无限的，知识产权的效力在地域上受到限制，具有严格的领土特征性，知识产权在空间的效力只限于本国境内。知识产权的地域性取决于法律的地域性。根据一个国家的法律获得承认和保护的知识产权，只在该国法律所管辖的范围内有效，除非知识产权权利人的所属国与他国签订有双边或者多边互惠协议或者加入了保护知识产权的国际公约，否则，知识产权没有域外的法律效力。知识产权的这一特点有别于有形财产所有权。一般而言，对于有形财产所有权的保护没有地域上的限制，无论是自然人的财产还是法人的财产，在跨越国境的情况下，不会发生所有权失去法律效力的问题。因为在有形财产领域国际上奉行"涉外物权平等原则"，即通过"权利推定"，是在一国取得的动产进入另一国后,只要权利主体仍对其有效占有,动产进入国可依本国占有制度推定其为合法所有人而加以保护。

知识产权保护制度,无论中外,均起源于封建社会。比如,在欧洲中世纪时期,早期的专利权和著作权都是以封建国家君主御赐的特许权的形式存在的,这种权利当然只可能在该国君主管辖的范围内有效并行使。封建社会被资本主义社会和后来的社会主义社会取代后,知识产权的性质发生了根本的变化,它不再是君主赐予的"特权",而成为依法产生的民事权利,但是,"地域性"特征依然故我地保留了下来。

19世纪末20世纪初,随着科技进步和发展,尤其是国际经济贸易的发展与变化,知识产权贸易也逐步发展起来,智力成果的国际需求膨胀与知识产权地域性的矛盾越来越明显地暴露出来,知识产权的地域性越来越严重地阻碍着科学技术与文化的国际交流和知识资源的共享。为了解决这一问题,诞生了一系列保护知识产权的国际公约、条约和协定。与此同时,为了保障这些国际公约、条约和协定的实施,一些保护知识产权的区域性和全球性的国际组织相继建立起来。比如,世界知识产权组织(WIPO)、欧洲专利局(EPO)、非洲知识产权组织(AIPO)等。

4. 知识产权的时间性

知识产权的时间性,是指它在时间方面受到的限制。即知识产权在法律规定的有效期限内受到法律保护,一旦超过了法律规定的有效期限,则该项权利就不复存在,相关的智力成果等就演变为全人类的共同财富,人人可以无偿使用。比如,发明专利的保护期限是20年,自然人作品著作权的保护期为作者有生之年加上作者死亡后50年。法定有效期限届满，则特定的知识产权即失去法律效力，任何人都可以无偿地取而用之。

知识作为一种形式，具有时间上永存性的特征，它一旦被总结和创造出来，即可呈现出被人感知的客观存在形式，就知识的形式特征来讲，无论是以后借助于各种各样的物质材料作介质来支撑它的存在，还是被抽象化为意象，存储于大脑的记忆中，其都具有一定意义的不被磨灭的品质。而作为物权对象的物，则不具有永存性的特点。比如，一件精美的唐三彩，它是特定材料与色彩和造型相结合的统一体，不管人们如何精心地对它加以保护，它的寿命总还是有限的。在法律上也没有对物权设定时间界限，而任由物的自然寿命所决定。法律对知识产权在时间上加以限制，其目的是鼓励智力成果早日为社会公众所普遍掌握和应用，以增强和提高征服自然和改造自然的能力，促进科技文化事业的发展和社会的文明与进步。知识产权制度既要保护智力成果创造者的权利，也要促进科技文化的使用与传播，提高整个人类的科学文化水平。所以对智力成果创造者的专有权利规定一个有效期限也是十分必要的。

5. 知识产权的法定性

知识产权的法定性，是指知识产权是智力成果中经过法律确认的权利。知识产权是智力成果权，但是，并不是说一切智力成果都受法律的保护。在人类创造的智力成果中，只有那些符合法律规定或经国家法律直接确认并加以保护的智力成果，才能成为知识产权的客体。某项智力成果如果没有得到国家法律的确认，那么，这项智力成果就不具有智力成果权，不是知识产权。比如1984年制定和颁布的《中华人民共和国专利法》(以下简称《专利法》)对于药品不给予专利保护。从1985年我国《专利法》实施至1992年第一次修改之前的7年间，任何关于药品的发明创造在中国都得不到专利法的保护，这是从实体上而言的。从程序上看，一项发明创造欲取得专利权，需要通过国务院专利行政部门的审查，符合我国专利法规定的，才能由国务院专利行政部门依法授予专利权。商标权的取得，在我国需要由商标使用人向国家商标局提出注册申请，国家商标局依法审查核准，而仅仅通过使用并不能获得商标权。还比如，某作者创造并完成了一部小说作品，那么，按照我国著作权法的规定，他应该享有该小说作品的著作权。但是，如果这部小说通篇充满了低级下流的、淫秽的色情描写，或者宣传腐朽没落的封建迷信思想，甚至散布推翻政府、反党反社会主义、煽动人们暴乱等反动言论，那么，这部小说的作者不能获得著作权，反而，他的作品还将严禁被出版，因为他的作品违反了法律，属于我国著作权法规定的"依法禁止出版传播的作品"；倘若作者违法情节严重，相应地，还要追究他的法律责任。

6. 知识产权的双重性

知识产权包括人身权和财产权两部分，或者说知识产权具有双重性。这种权利的双重性，是指知识产权是关于智力成果的一系列权利，它蕴含着人类的智慧和文明，是一种精神财富。它既能够给人们带来精神上的愉悦和享受，满足人们精神生活的需要，产生积极的社会效益，又能够投入到生产领域，转化成有形的物质财富，满足人们的物质生活需求，并产生一定的经济效益。因此，知识产权中必须包含实现对智力成果的保护和对智力成果完成者的激励。各项具体的知识产权都赋予权利人对其智力成果的专有和独占的权利，权利人可以通过使用或者授权他人使用其智力成果而获得物质报酬。比如，著作权人许可他人出版其作品而获得稿酬，专利权人通过专利权的许可使用合同而得到经济利益的回报。智力成果的完成人或所有人应当享有人身权，是说智力成果是人类脑力劳动的产物，一般体现着脑力劳动者的个性特征，同特定的智力成果完成者的人身有着密不可分的联系。所以知识产权大多包含有人身权的内容，以实现对智力成果的保护。比如，专利权人有权在有关的专利文件上署名，表明自己是该项专利技术的发明人或设计人，而且这种权利是永久性的，它不能转让，也不能继承。

7. 知识产权的可复制性

知识产权具有可复制性而且复制成本低。知识产权的取得，往往需要以向社会公开为代价，比如专利权的取得就以向社会充分公开为必要条件。另一些知识产权，则在使用传播过程中必然要公开，比如书籍的出版、商标的使用等。只有少数知识产权在取得和使用中仍然处于秘密状态，比如可口可乐公司的配方等。但对多数知识产权而言，公开则是必然的、常态的。而知识产权一旦公开，在客观上就为人们复制提供了可能。

三　知识产权特征带来的风险

一是知识产权的无形性带来的风险。知识产权的无形性是其区别于其他有形财产的基本属性。比如一项专利的权利人，他不能说专利证书在自己的手上，该专利就在其控制之中。实际上，尽管专利权人拥有权利，其他人仍然可以不经过许可而使用，并且专利权人不知情。因此，无形性给权利人"看管"其权利带来了极大的困难，造成了容易流失的风险。

二是知识产权可复制性带来的风险。对知识产权的复制不像对有形物体的复制那么困难，比如对一辆汽车的复制，对一栋房屋的复制，要耗费人们很大的精力和自然资源，且不能无限制复制。对知识产品而言，它可以被众多的甚至是无限多的人无数次复制，并且复制成本几乎等于零。复制成本低，复制方式简便，从经济角度分析，对于一个同样有用的东西，人们更愿意复制知识产品，而不去复制有形财产。正因为知识产品低成本的可复制性，不仅为侵权提供了便利，而且在许多情况下，还为简单复制他人成果而取得另一知识产权提供了便利，比如剽窃他人作品申请外观设计专利等。

第二节　基于管理视角的知识产权风险认知

在以知识为主导的经济模式下，知识已经成为最重要的生产要素企业内在驱动力。企业所面临的外部环境将更加瞬息万变，而且复杂性也大大增加，对于知识产权风险的研究与防范也就变得愈加迫切与必要。前人的研究表明企业在与别的企业开展竞争与合作的过程中，可能会面临如下三大风险：（1）竞争风险；（2）组织风险；（3）知识产权风险。不难看出，协同创新中的知识产权风险最受关注，也是国内外专家学者的研究焦点所在。

一 管理视角的知识产权内涵

从管理的视角出发,有的学者通过研究将合作创新所面临的知识产权风险分为五种:所有权流失的风险,侵犯知识产权的风险,有效执行的风险,投资失败的风险以及储存、维持和传播风险;有的学者从执行成本、流失损失、诉讼费用、侵权赔偿额和所有权问题五个方面构建了知识产权风险的分析框架;丁秀好和黄瑞华(2008)将合作创新中的知识产权风险的维度划分为协同关系引发的知识产权风险和其他因素引发的知识产权风险[①]。

Das 和 Teng(1999)指出不管是什么形式的合作创新,它的形成和运作都面临着很大的风险,总结起来主要可分为两种:一是合作关系是否能持久与稳定的风险,一是协同创新组织的绩效可能低下的风险,并且"利益分享,风险分摊"是协同创新组织形成与运作的基本原则。[②] 就协同创新组织而言,其形成和运行过程都存在信息不对称并充满了大量的市场不确定性,并且合作主体的行为也存在很大的选择性,这就使得存在知识产权风险的可能性大大增加,并且可能是协同创新所面临的最主要的风险。

国内外学者基于自身研究的视角对知识产权风险进行了不同的阐述。国内学者多是以行为和事件为中心,这些知识产权事件的发生只要对企业的当前或潜在收益产生负面影响,就可以认为产生了知识产权风险。国外的学者则

[①] 丁秀好、黄瑞华:《知识产权风险对合作创新企业间知识转移的影响研究》,《科研管理》2008 年第 3 期。

[②] Das, T. K., Teng, Bing-Sheng, "Managing Risks in Strategic Alliances", *The Academy of Management Executive*, Vol. 13, No. 4, 1999.

认为知识产权风险是指知识产权被侵犯流失、非法占有等给企业带来财物损失的风险。本研究的观点认为，协同创新中的知识产权风险指的是由于自身知识的流失以及知识产权被非法占有而给拥有者带来的风险。

二 管理视角的知识产权风险分类

（1）基于风险事件对主体影响的视角

部分学者将知识产权风险按照风险事件对主体的影响进行分类，并将知识产权风险界定为执行风险、侵权风险、所有权风险和评估风险等（胡水晶，2010）。[①] 风险事件对主体的影响主要是指在研发过程中由于知识产权的流失、评估等对企业造成的损失。目前这是知识产权风险分类的较为广泛应用的标准，但它仅是对知识产权风险进行大体的划分，尚未对合作研发中可能导致的知识产权风险进行系统分类。

（2）基于知识产权风险诱因的视角

对知识产权风险的分类，也有部分学者从它的成因入手，将知识产权风险分为道德风险、逆向选择风险、知识外溢引起的风险、契约不完备风险（何瑞卿等，2006）。[②] 道德风险是指合作伙伴的合作动机在于搭便车，并不想真正合作而给企业带来的知识产权风险。由于知识揭露悖论的存在，伙伴不会完全公开自身的核心知识，导致合作中不对称的知识流，使企业与伙伴在以后的竞争中处于不利

[①] 胡水晶：《承接研发离岸外包中知识产权风险研究》，博士学位论文，华中科技大学，2010年。

[②] 何瑞卿、黄瑞华、徐志强：《合作研发中的知识产权风险及其阶段表现》，《研究与发展管理》2006年第12期。

地位，形成逆向选择风险。知识外溢引起的风险，指合作研发的知识交流导致企业知识向合作伙伴流动，长期下去可能降低企业的竞争优势。合作中，双方不可能预见到未来合作中可能出现的所有情形，因此会导致契约不完备风险的存在。

(3) 基于合作主体的视角

在随后的研究中，开始有学者从更细致的角度对知识产权风险进行分类。企业合作研发的过程中，合作主体是企业成员，那么合作伙伴的行为就成为研究知识产权风险的关键要素。王西京等（2009）将合作研发中的知识产权风险从合作伙伴机会主义行为的角度来分类，将知识产权风险分为知识产权流失风险和知识产权投入风险。[①] 知识产权流失风险是指企业由于将自身关键技能和知识暴露给合作伙伴而造成核心知识流失。知识产权投入风险是指合作伙伴并没有按照规定提供自身的核心知识或传递一些虚假信息和知识，而形成知识产权投入风险。成员之间互相交流沟通，传递知识与信息，必然会涉及企业的核心知识与技术，而企业的核心知识一旦被对方掌握，我方的知识产权风险就随之产生。

(4) 基于合作客体的视角

企业合作研发的过程中，合作客体是企业的知识和技术。基于知识转移引发的知识产权风险分析时，知识产权风险分为主体风险和客体风险（苏世彬和黄瑞华，2009）。[②] 主体风险

[①] 王西京、张克英、张国瑾：《知识产权风险对创新绩效影响的实证研究》，《西安工程大学学报》2009 年第 4 期。

[②] 苏世彬、黄瑞华：《合作创新中隐性知识转移引发的知识产权风险及其防范对策研究》，《科技进步与对策》2009 年第 9 期。

主要体现为知识发送方人员的流失，这些人员既包括参与合作的人员，也包括未参与合作的关键员工。如果知识接收方将掌握关键隐性知识的员工为己所用，知识发送方就会形成主体风险。客体风险主要体现为知识转移引发的知识产权风险，即为知识本身所引发的风险。通过知识转移的方式，知识接收方可以获取合作伙伴未参与合作创新的知识产权，造成合作企业知识产权的泄露，甚至把知识产权据为己有，对知识发送方而言就会形成客体风险。

（5）原有知识共享阶段的知识产权风险

在原有知识共享阶段，企业面临的知识产权风险主要包括三个方面：1）传播失真的风险。原有知识要在整个合作组织内进行共享，就需要依赖于一定的媒介进行传播。无论是电话、传真、纸质文档等传统媒介，还是电子邮件、微信等网络媒介，甚至面对面交流的方式，都会在一定程度上造成传播失真。知识的传播失真将影响知识共享的效果，进而对知识创造后续阶段造成负面影响，最终对企业的利益造成损失。2）被恶意传播的风险。恶意传播是指组织内部某些成员为了达到某种目的，错误地传播相关知识。由于被传播的知识是错误的，某些成员就得到了错误的知识。如果成员不能及时识别出错误的知识，而在实际工作中应用错误知识，将对企业的利益造成很大的损失。3）间接传播到其他组织的风险。如果企业成员在与其他组织成员的交流中无意间透露了本企业的知识，其他组织成员不仅可以利用这些知识增强自身竞争力，而且可以根据这些知识推断企业努力的方向，并实施一定的赶超战略。这样会对企业的竞争力造成极大的负面影响。

第三节 基于组织生命周期的知识产权风险分类

知识产权风险不但表现形式多样,而且可能出现在组织发展的不同阶段。详细梳理协同创新组织从产生到结束各个阶段的风险类型,有助于深入细化地探究知识产权风险的来龙去脉。

一 协同创新组织的运行阶段

一个完整的协同创新组织运行包括三个阶段:合作形成阶段、合作运行阶段和合作解散阶段(又称合作结束阶段)。产权型的紧密合作组织存在时间更长,但是对于具体的某项创新任务和机会而言,仍然包括这三个阶段。协同创新组织形成阶段的主要任务是选择伙伴并确定相应的契约,这阶段的成果标志有两个:一是合作伙伴选择和投入资源的确定(主要是知识产权);二是资源正式或者非正式共享使用协议。运行阶段是创新成果的创造过程,这一过程是以投入知识产权的共享为基础、依靠各合作方的共同努力而实现的。在此过程中,投入的原有知识产权和阶段性创新成果被不断进行反复交流和共享,因此,这个阶段知识产权风险复杂多样。解散阶段主要是创新成果的分配和其他合作事宜的安排,如对共享的原始知识产权保密协议执行的确认。形成阶段确定投入资源是合作创新的前提,运行阶段是合作创新过程,而结束阶段是合作创新的结果。图 4.1 以两个合作伙伴为例展示了创新合作的过程。

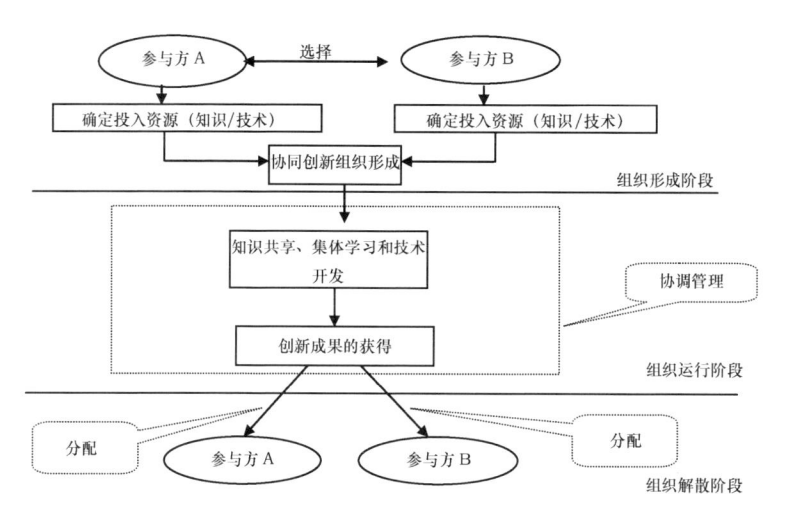

图 4.1 协同创新组织运行过程示意

二 协同创新中的知识产权信息流

协同创新组织的特征之一是伙伴之间的资源共享和优势互补。但是，如何将合作伙伴投入的各项资源通过共享而达到优势互补？如何才能保证是资源共享而不是窃取？相对于独立创新而言，协同创新组织的优势在于利用合作伙伴之间的知识交流和知识共享来加快创新速度、减少创新风险、提高创新成果价值。因此，知识交流和知识共享贯穿于协同创新组织生命周期的各个阶段：形成阶段的知识谈判、运行阶段的投入知识共享以及阶段性创新成果共享、结束阶段的知识创新成果的交接和转移。

但是，协同创新组织参与主体之间的知识传递、共享与知识产权专有之间必然会产生冲突。由于知识产权在现代企业中的创新地位，这些知识产权冲突很多位于创新层面的高度，更加需要妥善解决。明晰协同创新中知识产权信息流类型，了解冲突产生过程和机理，有助于冲突的化解和协调管理。

不管创新目标的组织模式具体如何,创新活动开发流程和阶段基本不变。为了陈述的清晰,可以依据产品创新的一般流程(见图4.2),采用知识产权的法律分类以及合作创新组织运行三阶段的二维指标分析知识产权信息流,将知识产权信息流分配到组织运行各个阶段中去,具体内容见表4.1。

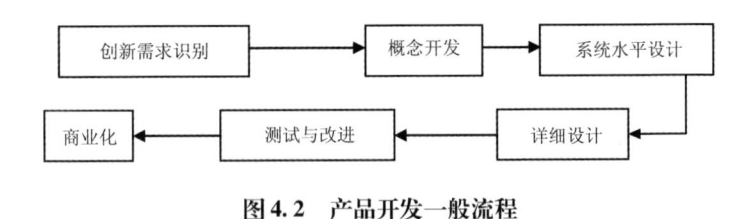

图 4.2　产品开发一般流程

表 4.1　合作创新中的知识产权信息流

内容＼阶段	合作形成	合作运行	合作解散
专利	• 伙伴投入的各项专利技术成果	• 工艺方法、产品设备、制造方法等阶段性专利创新成果	• 可以且申请了专利保护的产品、方法、外观设计等
技术秘密	• 伙伴投入的技术秘密 • 创新机会评价、伙伴选择的各类方法技巧和概念、模型以及管理模式等	• 工艺、产品模型、制造方法等阶段性技术秘密创新成果等	• 产品、工艺等生产中的窍门等

续表

阶段 内容	合作形成	合作运行	合作解散
经营秘密	● 协同创新组织的任务划分和发展规划 ● 协同创新组织的成员相关信息 ● 创新机会评价过程的各种可行性报告 ● 销售渠道等	● 协同创新组织的规划进展情况 ● 创新任务完成进度 ● 伙伴关系变更等	● 收益分配状况 ● 协同创新组织的未来合作计划 ● 协同创新组织成员使用方式 ● 管理产品开发的诀窍
其他（工业产权和著作权等）	● 协同创新组织的专利和行业数据库 ● 伙伴内部数据库等	● 知识产权共享数据库 ● 协同创新组织的协调管理信息系统软件等	● 开发产品的名称、制造商名称、商标 ● 公开发表的论文著作等

三 知识产权信息流障碍因素

完整描述协同创新组织中的知识产权共享和交流过程，应该包括发送者、接收者、信道和信息流传播方向。对于协同创新组织中的参与者而言，同时承担接收者和发送者的角色，且发送者和接收者具有层次性，可能是伙伴自身内部的信息流、伙伴之间的信息流甚至是协同创新组织与外部环境之间的信息流。信道是知识产权信息流传播途径和手段的总称，具体可以是个人、网络、会议。协同创新组织中这三种都是使用频繁的信道（见图4.3）。其中，网络作为信息流传播的一种途径，在协同创新组织中使用范围和频率正日益提高。信息流传播方向错综复杂，可能是伙伴内部，也可能是伙伴之间，甚至可能是组织和外部环境之间。

知识产权共享和信息交流对于协同创新组织的成功非常重要。但知识产权在合作成员中交流时，会存在很多影响成员顺畅沟通、共享知识产权的因素。影响知识产权交流的因素可以归结为技术、人员和组织三类，具体见表4.2。

协同创新组织中的技术主要包括：知识产权相关法律、实现知识共享的各种信息技术、各个伙伴投入的专利和技术秘密本身；协同创新组织中的人员主要是伙伴企业内部参与创新合作的员工和其他员工。组织是指协同创新组织的组织方式，主要是投入知识产权的使用和共享规则。需要指出的是，有些因素实际上是交叉跨类的。

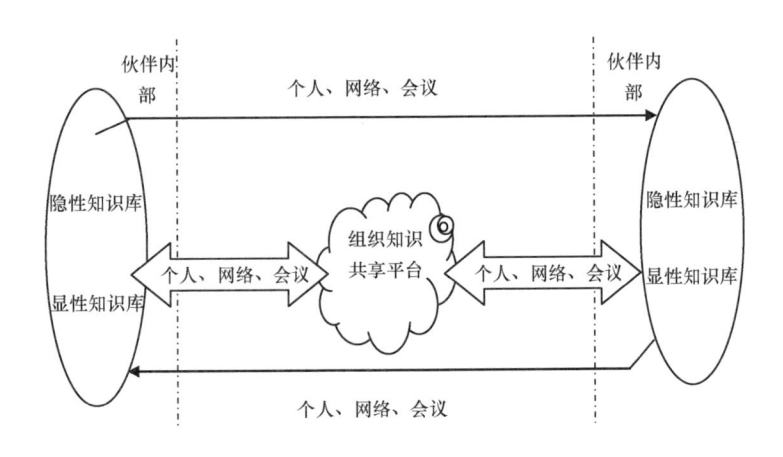

图4.3 合作创新中的知识产权交流

表 4.2　　影响知识产权交流效果的因素

技术	人员	组织	综合因素
●技术可得性 ●法制体系	●信任缺乏 ●内部心理共享阻力 ●自我利益为出发点 ●被过度开采的害怕 ●被污染的害怕	●组织间的距离 ●组织共享创新定位 ●交流成本 ●知识专有性的保护程度	●资源 ●报酬 ●文化

技术和组织的具体含义容易理解，人员和综合因素需要进一步解释。卢卡思（Lucas）认为，在知识共享的时候，人们往往希望在共享之前知道对方具有同等价值的知识作为回报，但是一旦知道后则不需要共享，从而阻碍了人与人之间的知识共享。类似地，高品牌公司的人员在与低品牌公司的人员进行知识共享的时候，会觉得很紧张，害怕自己的地位下降。

协同创新组织中知识产权冲突是因为资源的稀缺性而产生的，这些资源涉及技术、人员和组织三个领域。知识产权冲突主要是因为伙伴以及伙伴内部员工报酬的不均，而报酬的结构则是组织设计中的问题，因此，报酬因素是跨越人员和组织间的因素。此外，文化也是导致知识产权冲突的主要因素，例如，Lotus 公司发现有些公司的文化并不支持知识产权的共享，这主要涉及人的问题。但是共享文化的建立既涉及组织机制，又涉及具体技术的运用和固化，Lotus 公司建议"设计技术来克服障碍"。因此，文化因素也跨越了人员、组织和技术三个领域。

四 协同创新组织各阶段知识产权风险

(一) 协同创新组织开始阶段知识产权风险

一是知识产权资源的投入风险。这一阶段的知识产权风险包括以下方面：成员企业不了解自身的发展战略及市场的需要，购买到无效专利；选择参与协同创新项目时，创新项目本身不可行，或者项目预期知识产权无法满足自身需要；可以通过外采、授权等更为经济的方式获得知识产权的情况，采用耗时更长的协同创新方式等待更多的获得；等等。

二是知识产权的侵权风险。非法占用他人特别是竞争对手的知识产权，从而导致被起诉并遭受巨额索赔。

(二) 协同创新组织运行阶段知识产权风险

一是知识产权破损风险。不同的认知、思考习惯和需要使企业在大多数情况下只能通过显性知识进行交流。同时由于知识的繁杂性以及站在不同视角加以理解，就会形成不完全的知识转化，导致知识被滥用或误用。

二是知识产权外溢风险。只有将内隐知识加以显性化，以一定的载体和媒介将隐性知识表示出来，才能降低传播的难度，并有效降低知识的黏附性，因此协同体系内知识的外显化很可能导致知识被竞争对手等窃取。

三是知识产权断层风险。由于不存在传、帮、带机制，在成员企业的核心员工退休或离职的时候，大部分有用的知识和经验都隐藏在那部分人的头脑里，没有留下可查阅的资料和文档；有时掌握知识和信息的骨干人员由于各种原因不愿意奉献自己的宝贵经验与知识，并最终离开企业，这些都会使成员企业以及协同创新组织内部形成知识断层。

四是知识产权先进性风险。协同创新无疑会创造新的知识，并且知识必须是原创性的和领先性的。但如果协同创新所产生的新知识产权落后于竞争对手，就会在市场竞争中处于不利的位置。

五是知识产权文档流失的风险。文档不仅记载着新产生的零星的知识产权，还记载着新产生的已经归类的知识产权。这些文档如果被成员企业恶意窃取，就会严重损害整个组织的利益，并使得本阶段的工作付出前功尽弃。

(三) 协同创新组织结束阶段知识产权风险

一是知识产权确权风险。假如不能采取有效的措施保护好新创的知识产权和技术知识，而被其他组织抢先申请，就会造成大的经济损失和影响整个组织的负面作用。

二是知识产权评估风险。知识产权的价值必须加以科学合理的评估，才能及时而顺利地加以产业化，为经济社会的进步服务。但如果不慎低估，那么就会丧失发展良机。比如当初的 IBM 没有正确认识芯片和操作系统相关知识的价值，在完全有能力进行开发的情况下交给 Intel 和微软，最终成全了两个公司的奇迹。但也不可过分高估知识产权的价值，若一项新技术或发明创造与当前市场需求完全没有关联，而强行商业化，不但工艺达不到安全要求，而且会面临巨大的投入风险与失败风险。

三是知识产权收益的占有性风险。当协同创新组织采取一定的商业模式将知识产权产业化后，不但可以改进工艺，而且还可以提高核心竞争优势。但假如竞争对手可以轻易地模仿，或者加以简单改进后再进行低成本的应用，那么组织花费巨资所打造的竞争优势将荡然无存。另外，其他组织可能联合开发一系列相关产品或外围知识产权，围剿协同创新组织所产生的知识产权并施加诸多限制，从而大大影响组织对知识产权收益的占有，造成失败风险。

四是知识产权的流失风险。这种风险主要包括如下几个方面：(1) 协同创新中的技术管控机制所引发的知识外泄风险。(2) 由于职务发明和非职务发明在我国的法律体系内缺乏明确的阐述，因此在实践中存在大量的灰色领域，导致员工与组织之间发生了大量的冲突与纠纷，但法院对于这种案例的判决具有很大的不确定性，这可能受到各级法院认知与业务水平的影响。所以，协同创新组织成员内部员工可能会将协同创新所产出的知识与技术以个人名义来申请获得相应专利，或者将其转让给有需求的企业，获取经济利益，造成知识产权的风险与利益流失。(3) 协同创新中的部分成员企业独自申请专利或将其转让给其他企业以获得非法的收益，从而破坏其他组织成员的利益。

五是无法界定不同成员的贡献而形成的分配不公风险。协同创新中的每位成员都按约定贡献有价值的核心资源，理应按贡献比例来获得创新成果及其收益。如果简单地将创新成果平摊给每位协同创新组织成员，则会在实践中带来很多问题，产生不必要的冲突与矛盾。一般来讲，协同创新中所有的成员在投入有形资产的同时，还投入了大量高价值的技术、知识、知识产权等无形资产，而且无法精确界定各自对于创新的贡献。协同创新过程是动态变化的，因此各种资源对于创新产出的作用也是实时变化的，需要加以明确的记录观察，在协同创新的形成阶段，契约内容不可能考虑到所有的成员投入情况。因此，各个协同创新组织成员的实际投入及其所做贡献根本无法进行精确评价，使得协同创新成果的分配不可能绝对公平，所以对于每个企业来说都存在知识产权风险。

六是多元化的分配方式所产生的知识产权风险。协同创新产生的知识产权成果分配，需要合作伙伴来协商确定，并形成书面的方案。大致存在如下几种分配方式：按使用区域划分；按使用领域划分；按权利划分（如应用权和继续开发权的划分，部分成员将自己的所有权作价转让给其他成员）。不管按什么方式来分配，都存在如下几个问题：（1）领域或区域不同，那么技术的价值可能截然不同。假如按使用区域或使用领域划分，则研发成果在不同的区域和使用领域的市场前景及获利能力可能并不相同，尤其是跨国家和地区的合作研发涉及知识产权在多个国家和地区的分配和利用，由此可能导致合作伙伴在以后的市场运用中基于此项技术成果的收益大相径庭；（2）按权利划分时，不同的权利如应用权和继续开发权所能带来的潜在收益很难评估；（3）所有权转让不仅存在知识产权评估风险，而且在合作伙伴处于同一行业的情况下，企业所有权的转让可能会导致企业在市场竞争中被伙伴赶超，甚至被排挤出市场。

第四节　知识产权风险形成探因

协同创新组织中频繁产生各类知识产权风险，究其原因，首先源于协同创新组织成员自身资源特性差异带来的对互补资源的天然占有欲望，以及成员各自参与合作的特性带来的风险；其次是协同创新组织自身多主体合作等带来的风险；最后是协同创新的客体——知识自身特性以及知识转移特性带来的知识产权风险。

一 协同创新组织成员资源特性对知识产权风险的影响

Barney（1991）发现具有不同特性的资源往往被不同的企业所控制或占有。[①] 这些不同的资源在协同形成的过程中也将扮演不同的角色。基于这个视角，企业之所以加入协同创新组织，一方面是为了获得自己必需的且协同伙伴恰好拥有的资源，正如 Hamel 等（1991）指出的"某些企业参与合作创新的目的，是想通过这一途径来学习其他企业的技术或者是窃取其他企业的稀有资源"；而与此同时，在使用其他组织资源创造效益时，还要保护自身核心资源不被窃取，更不能发生流失情况。[②] 所以，协同创新组织成员投入的资源的种类及特性对知识产权风险具有重要影响。

不可替代的资源一般都是专用性很强的，交易成本经济学的集大成者威廉姆森认为，资产的专用性非常有价值，可能会在很大程度上引发机会主义行为。贾生华等人（2007）也指出，如果企业所拥有的资源不可替代，那么这项资源就是专用的，而且其他的合作伙伴对这项资源越依赖，发生机会主义行为的可能性就越大。[③] 对于参与协同创新的企业来说，投入的资源相对越多，对方机会主义行为的可能性就越大。企业向协同创新组织投入的资源是管理者对合作风险进行主观评价的重要因素。

当然，对资源的依赖性也会源于资源的稀缺性和不可

[①] Barney, Jay, "Firm Resources and Sustained Competitive Advantage", *Journal of Management*, Vol. 17, NO. 1, 1991.

[②] G. Hamel, C. K. Prahalad, "Corporate Imagination and Expeditionary Marketing", *Harvard Business Review*, Vol. 69, NO. 4, 1991.

[③] 贾生华、吴波、王承哲：《资源依赖、关系质量对联盟绩效影响的实证研究》，《科学学研究》2007 年第 2 期。

替代性。如果企业间相互依赖的程度不同,就会导致企业话语权的失衡,从而引发机会主义行为。另外,很重要的一点是如果协同创新组织成员企业并没有按照先前的约定投入所承诺的资源与技术,企业就面临不能获得资源与技术的风险,也就谈不上自身权益的保护,从而触发知识产权投入风险。

二 协同创新组织成员特性对知识产权风险产生的影响

协同创新过程中,合作伙伴的信誉度越低,企业在合作研发中溢出的知识被挪用的可能性就越大,风险产生的可能性就越大。而由于企业参与的动机不同,其中学习动机越强的,溢出知识被挪用或内部化的可能性也就越大,风险也就越大。同时合作者的吸收能力越强,则其捕捉并利用企业溢出知识的可能性也越大,风险产生的可能性就越大。在合作研发中,如果员工的保密意识不强,企业提供给伙伴共享的敏感知识和信息就会无意识地外溢,这时就会产生知识产权风险。企业提供的技术知识的共享程度包括共享范围与共享深度,共享范围越大、共享深度越深,知识产权风险越大。

不同协同创新组织成员之间既竞争又合作,互相不信任。过度的竞争会使企业之间的关系发生近乎戏剧化的变化,也就是由竞争走向合作,为了自身的发展,企业会选择与客户、供应商、第三方机构甚至是自己的竞争对手组建不同形式的创新组织。然而,企业之间虽然在研发上可以合作,但在终端产品市场始终互为竞争对手。所以,协同创新组织成员企业之间的关系是合作与竞争共存的,成员之间的相互猜疑与搭便车行为都会严重损害协同创新组织的高效运行与创新绩效。

虽然协同创新组织的顺畅运转需要成员之间相互信任，然而有些组织成员还是会由于败德行为的出现，形成巨大的道德风险，如恶意窃取知识产权等。协同创新旨在构建一种和谐稳定的合作机制，但部分组织并不太珍惜自己的商誉，造成目光短视化，使得恶意盗取知识产权的行为滋生，从而影响企业的利益。此外由于协同合作，其他企业可能会对本企业的技术专家与基层专业技术团队了如指掌，那么一旦协同结束，合作企业将有可能以经济利益的许诺来挖走本企业的高素质人才，甚至带走技术团队，造成积累在技术人才脑中的隐性知识与技术秘诀流失。

不同的企业参与协同创新的诉求是不同的，它们的合作动机存在两个极端：其一就是为了通过全力合作来达成协同创新组织的目标；其二则是隐瞒真实动机，实则是为了通过分享别人的知识产权以达到窃取他人商业机密与技术秘密的目的。现实中参与主体的动机一般分布于这两者之间，并且所有的合作伙伴都可能会做出窃取、挪用知识产权的举动，同样加剧了知识产权风险。

三 协同创新组织对知识产权风险产生的影响

（一）企业之间的相互依赖性与相对独立性

企业之所以加入协同创新组织，不仅是为了共享合作伙伴的关键核心资源，还必须以市场和消费者的需要为中心，通过创造知识与技术，以便快速开发出新的产品来满足市场需求。在知识产权与相关资源方面，企业之间相互依赖是必然的。但是任何一个企业同时又是一个独立的利益主体，都有各自的小算盘，这就使得知识产权风险客观存在。

协同创新组织成员之间的互相依赖对于协同创新的有效运作具有重要价值，在很大程度上能够将不同的企业凝聚在一起。另外，依赖性的高低直接还反映一个企业退出时所付出成本代价的大小，即协同创新终止成本。协同创新组织成员之间如果存在互相的依赖，就可以促使不同企业达成一致承诺，实现协同创新的最好效益，否则协同创新中单个企业可能就会运用控制权来破坏相互的信任，甚至会产生冲突。

（二）企业之间信息的不对称性、不完备性

企业是相互独立的，并且知识产权的隐秘性决定了它的无形性，如此必然使得不同的企业在知识产权方面存在严重的信息不对称。

由于企业之间发送的信息存在失真的可能性，即使企业可以利用通信网络快速地传播信息，但却不可能判断信息的真实性，对于交易对象与合作伙伴是否存在机会主义行为也无能为力。

而且"私人信息"是普遍存在的，所以协同创新组织中存在着不为所有"局中人"所知道的"私人信息"，并且协同创新组织成员所掌控的私人信息往往是不可察觉的和无法验证的，必须要付出巨大的成本，才能获得这些信息。

（三）企业之间知识产权创新不能很好地协同

在协同创新中，单个组织成员和协同创新组织都应当对知识产权予以充分的重视，把创造知识产权作为协同创新的终极目的，因此企业之间能就长远的发展规划与宏大的发展愿景达成高度一致。然而,现实情况却很糟糕。各个协同创新企业都有不同的知识产权创新诉求,根本不存在共同的创新目标与发展规划,甚至个别企业根本没有可投入的知识产权。

(四) 风险机制不完善

协同创新的目的在于通过合作共同创造知识产权,并对知识产权加以利用和保护,所获得的利益必须在不同的成员企业之间进行分配,分配的依据是各个企业所做的贡献的大小及所分担的风险的大小;否则就会产生利益分配冲突,引发分配性的知识产权风险。

风险贯穿于协同创新从创建到结束的整个过程,在此过程中,如果没有完善的风险机制,就会阻碍创新成果即知识产权和专利的获取,甚至导致协同创新组织的解体。从协同创新组织外部风险角度来看,企业的一项技术被研发出来,存在很强的溢出效应,此项技术会被竞争对手在一定程度上进行模仿,影响专利的申请,使协同创新组织成员蒙受损失,从而降低各自的竞争优势。从组织内部风险角度来看,存在较为普遍的技术风险和协调风险。当协同创新成员组织加大对技术创新和新产品研发的投入力度时,存在创新失败、新产品不合格的技术风险,很大程度上影响知识产权数量和质量,从而产生知识产权冲突;当协同创新组织最初形成时,由于各企业地理位置分散,组织结构、管理机制、企业文化各异,利益取向不同,同时由于存在协调风险,容易在最终获取的知识产权中存在冲突。

(五) 契约机制不完备

技术知识的隐性、复杂性及知识溢出的外部性,是导致不完备合同形成的主要因素。若技术知识以专利或设计方案形式出现，技术合同可以是完备的；若技术、技巧存在于研究人员中间，高度个人化，不易交流和传播，技术合同就难以完备化。

(六) 缺乏相应的专利人才

在我国普遍缺乏高素质的专利人才，所以就不能高效率地开展知识产权的创新活动。一般来说高素质的专利人才不但要懂得专利法等相关法律，而且还必须深谙市场规律与科技趋势。但实际中，企业懂得市场规则，却不擅长于科技与法律；科研院所掌握科技的发展潮流，却对专利法和市场经济法则知之甚少。这一状况对我国企业实施专利创新以及促进国民经济的创新发展极为不利。

(七) 知识产权法制保障体系不健全

企业创新的风险是很大的，而且要投入大量的人力、物力、财力。但现实中最常见的情况是，企业开发出来的新技术、新工艺与新产品，在进行正式的产业化后，由于缺乏完善的法律法规，而被其他的企业加以仿制、冒用与侵权，从而遭遇不正当的市场竞争规则，最终挫伤企业的积极性与经济利益，从而使企业放弃技术创新或者缺乏创新的动力与激情。

(八) 缺乏分布式决策和集中式管理的组织结构

协同创新本质上是一个松散的创新型、契约型组织，但还是建立在供需机制的基础上，而企业都有自己的边界，在地理上十分分散，甚至分散于全球各地，实行的是分布式决策机制与管理模式。但是，协同创新是由不同企业组建的面向外部机会的市场主体，因此必须充分考虑客户的需求，并及时通过知识产权创新来响应客户的需求，尽快开发出具有全新知识产权的新产品。为了完成这一创新目标，各个企业必须实行高度的协同运作，并推选出一个具有绝对权威和领导能力的组织机构来执行管理的职能，而现实中往往难以达成。

（九）合作动机不纯正

企业参与协同创新都带着不同的目的和意图，并形成了各自的核心诉求。不排除有一些企业打着合作的幌子，实则是想通过搭便车的机会来窃取协同成员企业的技术资源。例如，在协同创新的初期，有些企业通过发送虚假信息或故意隐瞒自身的技术缺陷，试图通过学习获取别人的知识资源。有数据表明，企业一般不愿意与有侵权经历的企业开展合作。

（十）关系情境不明朗

协同创新是一种复杂的跨组织行为，所以协同契约不可能预见到未来所有的、可能发生的知识产权冲突与矛盾，这使得协同的契约本身就是不完善的，也就失去了约束力。当出现新的问题与新的情况时，某些企业可能为了短期的利益而选择退出某个协同组织，甚至还会加入由企业的竞争对手所创建的新协同创新组织，将重要的商业情报与技术秘密泄露给竞争对手。为了预防此类情况的发生，在合同或契约中必须明确列出种种知识产权信息，以免协同创新组织成员不合理使用这些信息，甚至将这些信息外泄给外部的组织。企业还可以选择同其他企业签订协议，禁止合作企业在一段时期内加入由企业的竞争对手所创建的协同创新组织。更为重要的是，还必须对协同创新组织中新产生的知识产权加以准确界定并明确归属，同时保护新的知识产权。一旦保护的方式失效，就会对组织成员的利益造成不可挽回的损失。

四 协同创新客体对知识产权风险产生的影响

基于知识本身的引发知识产权风险的因素包括隐性知识的显性化、知识揭露悖论、知识外溢、知识完整性的破损和知识距离。隐性知识显性化时，隐性知识大部分是企业的技术诀窍和核心知识，这很可能被合作伙伴模仿，进而造成知识产权的流失；知识揭露悖论的存在导致知识产权风险的发生，甚至威胁到该知识的后续价值；知识共享中会产生知识外溢，外溢的知识很可能被伙伴挪用并将其内部化，导致知识产权风险的产生；知识完整性的破损会使知识的原有内容被破坏，导致知识产权的损失；合作企业之间的知识距离越小，知识的可接受化程度越高，越容易产生知识产权风险。

五 知识转移特性对知识产权风险产生的影响

在知识的转移过程中，由于知识传播能力的差异、知识产权的数量与质量的不同、主动性不同，所传递的知识会发生损失与失真。其次，很多知识对于成员企业来说是隐性的，必须通过言传身教的方式才能实现转移，但这样的知识难于编码，导致传播与转换的效率低下。再次，协同创新中的知识传播的速度、保真性及所选择的媒介的容量必然会影响知识的完整性与及时性；最后，外部环境中散发出来的各种噪声也会影响知识传递的质量，并且另一方的知识吸收质量也会影响知识转移的质量与效果。知识转移过程中由于经过的环节过多，使得知识的质量不断降低，从而形成低质量的知识，引发协同创新的种种风险，如相互怀疑对方的诚意，在共享知识时有所保留，知识传递效率低下，故意传播低质量的或者是加工过的知识，导致知识产权风险的发生。

更为重要的是，在知识的传递与转移过程中，协同创新组织成员对知识的吸收能力与内化能力是不一样的，很有可能会造成知识的碎片化，破坏了知识的整体性，甚至原有知识的构成都发生了变化，特别是现在企业都利用互联网或内部网来传递知识，传递速度非常快，灵活性也很高，从而带来更大的知识产权风险。知识产权风险经常会因为知识的固有特性而得到放大和强化，知识的固有特性包括知识的无形性、知识的外溢性、知识产权的地域性和时效性、侵权的隐蔽性、侵权行为的快捷性等。为此，不可避免地会产生知识产权流失、知识产权权益分配不公、侵犯他人知识产权或知识产权被侵犯、知识产权不正当竞争和知识资源被掠夺等知识产权风险。同时，在网络环境下知识共享的速度更快，涉及的主、客体更丰富，关系也更为复杂的情况下，对知识资源的争夺更为隐蔽和迅速。

第 五 章

知识产权风险实证研究：对协同创新绩效的影响

理论研究可以探寻知识产权风险的流变、成因与机理，但有时带有一定的主观性，因此，开展实证研究就显得尤为必要和迫切。为了更好地预防、规范和管理知识产权风险，需要通过实证研究考察其对协同创新的形成、存在以及结束的影响，探究其对协同创新绩效产生的影响及影响程度，探讨其中存在的中介变量与调控变量，而这些都是本章要解决的问题。

第一节 实证研究思路

实证研究是管理学、社会学相关研究中广泛采用的研究方法。本研究主要使用实证研究的方法验证协同创新组织中知识产权风险在各阶段对创新绩效的影响。因此，就本研究的实证验证思路做一个总体的说明。

一 实证研究思路

本文的实证研究思路如图 5.1 所示。可以看出，量表的制定与质量控制，是本研究的重要工作之一，也是保证研究结论可靠性的重要步骤。

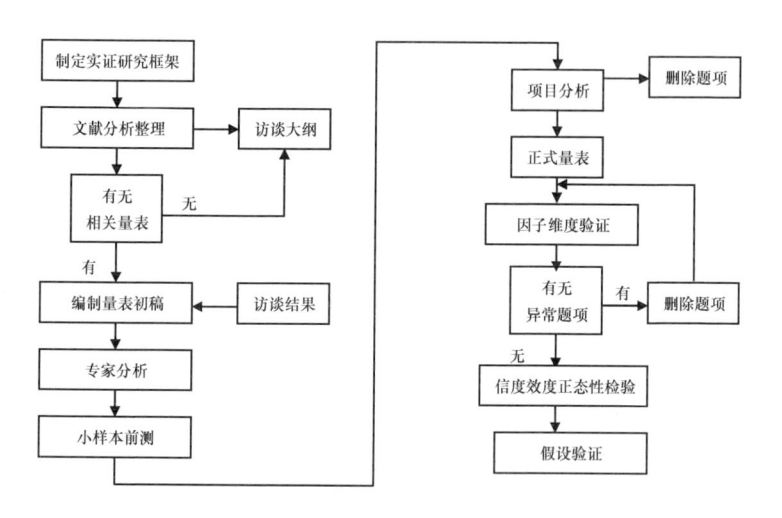

图 5.1　实证研究思路

二　量表设计方法与原则

通常认为，量表的编制有三种方法：逻辑法、因子分析法与经验法。逻辑法编制的问卷通常称为内容效度问卷，它是根据某种理论，确定所要测量的特质，用逻辑分析的方法编写和选择一些能够测量某一特质的问题；因子分析法是先对标准化样本施测大量的题目，题目与被试的选择可以没有任何理论依据，然后通过对被试在各题上的得分进行因子分析或者其他相关分析，把相关性强的题目归到一起形成若干组内相关性高的具有同质性的题目组，每一组构成一个因子。构成一个组的题目一经确定，就可以通过分析题目的具体内容给每一组题目命名；经验法是在没有任何理论基础的情况下，根据被试表现的实际特征来选择测量的题目，量表编制与理论无关，完全是从实践中而来。

在实际编制量表的过程中，常常是首先采用逻辑法选择题目；如果测量主要用于理论分析，则采用因子分析法较为适当。理想的编制方法是上述三种的综合，其步骤为：(1) 采用逻辑法经由推理获得一大批题目；同时用经验法确定效标组特征也获得一大批题目；(2) 采用因子分析方法编出若干同质量表；(3) 将同质量表中没有效标效度的题目删除，同时将表面效度太高的题目也删除，只保留效标效度高，但表面效度不高的题目。

由于研究背景与研究重点不同，同一概念的测量量表可能并不统一，学术研究中表现为不同的学者对于同一概念或者类似概念的度量采用完全不同的量表。尽管如此，在不同背景下的量表仍然具有一定的借鉴意义。文献中量表的编制方法可以归为两类，一类是采用归纳的方法，即通过对相关调查对象大样本的深度访谈（in-depth interviews）来开发量表，另一类是采用演绎的方法，即通过定义测量概念的相关维度所形成的概念模型来开发量表，或者是综合归纳与演绎两种方法，也有一些量表的维度是通过实证数据来支持的。

为了能够尽可能客观真实地测量相关概念，参考上述量表编制方法，本研究采用以下量表设计原则来保证量表质量。

(1) 尽可能选择与本研究具有直接联系的相关文献中出现的量表；

(2) 优先选择本研究所属研究领域的量表，如合作创新、知识共享、组织行为、知识产权等领域的研究文献中出现的量表；

（3）尽可能选择已经被验证并得到广泛应用的量表；

（4）优先选择信度、效度值较高的量表；

（5）仅在没有直接量表的情况下选择间接量表。

对于没有可参照量表的概念，在编制量表时，持审慎的态度，严格按照量表设计规范进行操作。

对于参照学者相关研究制定出的量表，本研究再通过一系列的前测措施来保证量表的合理性与适用性，这些措施包括小组讨论、一定规模的样本前测等方法；对于参照制定的量表，则在制定过程中通过深度访谈、小组讨论、样本实测等方法来保证其合理性与适用性。

三　量表的质量控制

本研究中采用的量表都是一种自陈式量表（self-report inventories）。自陈式量表是一种自我报告式问卷，即对拟测量的人格特征编制许多题项，要求被测者做出是否符合自己情况的回答，从其答案来衡量这项特征。自陈式量表多采用客观测验的形式，被测者只需对题目作是非式或者选择式的判断。

目前心理测量领域广泛使用的人格测验类型中，自陈式量表得到了学者们的偏好。如著名的卡特尔16种人格因素问卷（16PF）、加州心理调查表（CPI）、中国人个性测量表（CPAI）、艾森克人格问卷（EPQ）等，都采用的是自陈式量表。

自陈式量表常出现的问题是反应定式（response sets）和反应形态（response styles）。前者是指被试有意或无意地"扭曲"其对测验项目的反应，从而塑造出一种其内心所希望显现的形象，而这一形象并不真正代表他自己。如本文采用的"快速信任"量表测量的是组织成员的相互信任的能力,被测验者可能会在测量内容上按照"社会赞许倾向"来进行作答,以便得到好的社会评价;后者是指当测验的激励、意义不明显或者当被试不知道如何回答时,常常倾向于采用一种特殊的反应方式,以体现个人的作答风格。突出的表现就是趋同应答(acquiescence),即不论题目如何,答案只有一种。

反应定式与反应形态都会损害自陈式量表测量结果的可信性。为了尽量避免这类问题的出现,根据心理测量相关理论,本研究在调查中采用以下方法进行控制:(1) 题项尽量避免明显的社会评价意义,以减少被试的防卫心理;(2) 问卷调查的发放与回收,尽量采用一对一的方式进行,必要时采用信封进行传递,从而减轻被试的心理压力;(3) 在量表中,设置一定数量的"防伪题",即反向量表,对于重要的问题,在问卷的不同地方以正向与反向的方式分别设置题项;(4) 在问卷的发放上,充分利用人际关系进行分发,尽量消除被试的戒备心理,必要时给予一定的物质奖励。

四 样本基本情况

本研究中,主要采用结构方程模型(SEM)方法进行数据处理。由于 SEM 方法采用渐近理论(asymptotic theory,即样本趋于无穷)来估计参数,为了获得一致性与正态分布的假定,其样本必须足够大。在小样本情况下,检验统计的分布无法满足近似卡方分布,Boomsma 和 Hoogland(2001)认为当样本量 N＜200 时,SEM 方法可能会产生两种结果：无法收敛与不适当的解。[①]

但是关于样本容量足够大的标准，学者们的观点相差很大。Anderson 和 Gerbing（1988）认为 100~150 为下限，Boomsma（1982）则认为 400 较为合适，学者们认为这一样本数比较容易得到适当的统计结果。然而也有学者认为，如果观测变量与因素的比值是 3 或者 4，则样本数至少为 100，若比值是 6 以上，则小到 50 的样本容量也是合适的，即样本数和观测变量与因素的比值之间具有互补的效果。在此不再一一列举。本研究认为，通常采用 SEM 方法进行实证研究的文献中，样本数大多在 200~500。

本研究问卷主要针对有技术创新合作历史的企业进行发放，共投放纸质及电子版问卷合计 390 份。问卷共回收 270 份，其中有效问卷 245 份，回收率 69.23%，回收问卷中的有效问卷占 90.74%。问卷数量符合结构方程模型要求的样本量。

从问卷的回收情况来看，企业区域分布为石家庄、北京、邢台、邯郸、保定、张家口、唐山、天津、沈阳、上海，覆盖范围比较广泛，基本上能够反映企业通过合作进行创新的各种情况，具有比较好的代表性。

在有效问卷中，IT 行业 56 份，生物制药行业 43 份，石化塑胶行业 35 份，纺织行业 22 份，金属制造行业 80 份，缺失值问卷 9 份。在样本企业中，人数在 100 人以下的有 46 家，占 18.77%；人数在 101~500 人的有 103 家，占 42.04%；人数在 501~1000 人的有 75 家，占 30.61%；人

[①] Boomsma, A., Hoogland, J. J., "The Robustness of LISREL Modeling Revisited", in Cudeck, R., du Toit, S., Sörbom, D. (eds.), *Structural Equation Modeling, Present and Future*, Chicago: Scientific Software International, 2001.

数在 1000 人以上的有 21 家，占 8.57%。样本企业的成立时间大致呈正态分布。就受访者年龄来看，30 岁以上的占 78%，并且大多数企业之前有过合作历史，应对问卷所涉及的议题具有比较好的熟悉度和敏感性；就教育学历来看，大专以上学历的比例为 77%，具体见表 5.1、表 5.2，表 5.3。

表 5.1　　调查企业所属行业 (N = 245)

所属行业	调研对象数目	百分比（%）
IT 行业	56	22.9
生物制药行业	43	17.6
石化塑胶行业	35	14.3
纺织行业	22	9
金属制造行业	80	32.7
缺失值	9	3.5
合计	245	100.0

表 5.2　　参与人员受教育程度 (N = 245)

受教育程度	样本数量	百分比（%）
初中及以下	5	2
高中（中职）	29	12
大本（专）	189	77
硕士及以上	22	9
合计	245	100

表 5.3 本次合作之前双方有无合作历史 (N = 245)

合作历史	调研对象数目	百分比（%）
有	186	75.9
无	40	16.3
缺失值	19	7.8
合计	245	100.0

问卷发放的对象是进行过协同合作以谋求技术创新的组织，鉴于本书的研究问题和条件所限，其中主要以有过技术合作的科技型企业为主。在这些组织中的问卷填写人员控制为两类：一类是直接参与到技术合作项目中的组织成员；一类是技术合作项目的主管领导和其他部分相关人员。

五 结构方程模型（SEM）

（一）SEM 模型分析步骤

本研究主要通过 SEM 来进行各相关量表的维度验证与效度检验，同时由 SEM 完成理论分析框架的验证，即对研究框架中各变量之间影响方向及影响效果（显著性）进行检验，从而判断理论假设的正确性。

Joreskog 和 Sorbom（1993）认为，SEM 可以处理常规统计方法不能处理的一些问题，例如：自变量之间存在明显的多重共线性的问题；变量既是自变量，同时又是某些变量的因变量的问题；等等。针对本研究的实际需要，采用 SEM 作为研究的具体方法，主要基于以下原因：

首先，本研究所涉及的知识产权风险、快速信任、契约控制、创新绩效等变量皆属潜变量（latent viarable），都是用多个指标（题项）来进行测量的，这些变量具有主观性强、难以直接度量、度量误差大、因果关系比较复杂等特点，在数据分析时如果采用多元回归等传统方法效率低，效果不理想。传统的方法往往用指标的均值或部分作为潜变量的观测值，这样的结果含有样本的测量误差。而用 SEM 允许变量之间存在相关关系，在参数估计时允许测量误差存在，并且能够将有意义的效应与测量误差分开。其次，在传统的回归分析或路径分析中，虽然统计结果的图表中展示多个因变量，但在计算回归系数或路径系数时，仍是对每个因变量逐一计算。所以图表貌似多个因变量同时考虑，但在计算对某一个因变量的影响或关系时，都忽略了其他因变量的存在及其影响。采用 SEM 可以同时考虑及处理多个因变量，因此可以更加全面准确地剖析各因素间的相关关系。最后，如果采用传统路径分析方法，只能估计每一路径的强弱。而采用 SEM 方法更强调总体性，参数估计与模型修正都是作为一个整体来进行考虑的。除了参数估计外，还可以计算不同模型对同一样本数据的整体拟合程度，从而判断哪一个模型更接近数据所呈现的关系。因此，结合本研究中所涉及问题的特征，采用 SEM 方法进行分析是恰当的、合理的。SEM 分析的基本步骤如图 5.2 所示。

（二）SEM 中的拟合指标

结构方程模型通过各类拟合指标来反映数据对理论模型的支持程度，为了后面叙述上的方便，这里给出 SEM 模型常用的拟合参数及其判定标准：

卡方比率（Chi-square/df ratio），即 χ^2/df。一般认为 χ^2/df 在 2.0~5.0，模型可以接受，越是接近于 2，表明整体拟合效果越好。

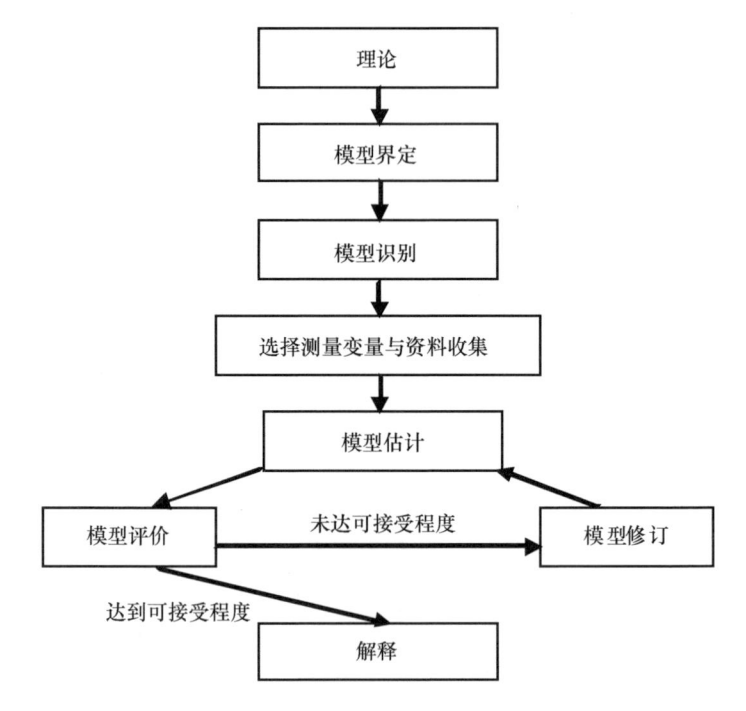

图 5.2　结构方程模型基本分析步骤

近似误差均方根（Root Mean Square Error of Approximation，RMSEA）。这个指标越小，表明拟合效果越好。Steiger（1990）认为，RMSEA < 0.1 表示好的拟合；低于 0.05 表示拟合效果非常好（侯杰泰、温忠麟、成子娟，2004）。

拟合优度指标（Goodness-of-Fit Index，GFI）和调整的拟合优度指标（Adjusted Goodness-of-Fit Index，AGFI）。这两个拟合指标的值在 0~1，一般大于 0.8 说明模型表现较好。

非范拟合指数（Non-Normed Fit Index，NNFI）。一般取值在 0.9 以上表示模型拟合效果非常好，在 0.8 以上表示模型拟合效果较好。

比较拟合指数（Comparative Fit Index，CFI）。一般取值在 0~1，大于 0.8 表示模型拟合效果较好。

需要指出的是，衡量 SEM 拟合效果的指标远不止上述几个，上述列举的只是文献中常见的拟合指标，SEM 相关软件还可以计算出其他一些拟合指标如标准化残差均方根（SRMR）、相对拟合指数（RFI）等。由于 SEM 方法只有几十年的历史，关于 SEM 拟合指标的研究还在不断深入，目前常用的拟合指标都或多或少地存在着一些适用范围与局限性，所以不能仅仅通过少数几个指标来判断模型的拟合效果。另外，关于各指标的判断范围，不同学者的观点还存在着相当大的差异，同时由于 SEM 是从整体上对理论模型进行分析，因此，判断一个 SEM 模型的拟合效果，必须全面、综合地加以考察。

六 研究中采用的技术手段

本研究的数据录入软件为 Excel 2003，统计分析软件为 SPSS 17.0，SEM 软件为 Lisrel 8.7。

（一）量表信度检验

信度（reliability）是对量表测量一致性程度的估计。信度估计方法有重测信度、复本信度、内部一致性信度等多种。受条件限制，一般的研究无法对同一组被试组织多次测试，因此重测信度通常无法得到，同时由于大多数研究基本上都是采用一套量表进行测量，因此复本信度也无法得到。

在既无复本，也不可能重复测量时，研究中常用内部一致性系数来估计量表的信度。内部一致性系数反映的是测验内部的一致性，即项目同质性。一般通过分半法来进行估计,即通常所说的分半信度,然而由于将样本分半的方法有多种,所以分半信度不是唯一的。为了克服这种不足,常采用基于项目协方差的方法来估计信度,常见的就是克朗巴赫 α(Cronbach α)系数,α 值越大,表示该测量量表的内部一致性越高,即具有高的信度。

一般来说,当 α>0.8,说明量表的信度非常好;如果在 0.7~0.8,说明量表信度比较好;如果在 0.6~0.7 则尚可接受;如果在 0.5~0.6,则量表最好不要;低于 0.5 以下则需要重新修改量表,剔除无关变量。

本研究同时测量单个题项对总分的相关系数,作为量表信度的参考值,一般大于 0.6 可以认为量表信度较高,低于 0.3 则认为信度不足。

在本研究中,还采用 α 值作为删除题项的依据。经过第一次信度分析后,删除内部一致性偏低的题项,删除的标准是:如果某题项删除后,有助于量表整体一致性提高,则删除该题项。如果删除了部分题项,则需要对量表进行第二次信度检验。

(二)量表效度检验

效度(Validity)是指测量工具对其所要测量的特性究竟测量到何种程度的估计。它可以分为内容效度(content validity)和结构效度(construct validity)。内容效度是指测量所选用的量表对整个测验内容的代表程度;结构效度是指测量工具是否真实体现了测量所依据的理论结构,以及对该理论结构的体现程度。

本研究中采用多种方法来保证问卷的内容效度。首先,尽可能采纳学者们已有研究成果中的相关量表。在选用中,优先选择研究主题相关的量表,优先选择信度与效度值高的量表，在缺乏相关研究主题的量表时，则选择与本研究主题具有显著逻辑关系的量表，即通过已知的确切理论，可以在学者的研究主题与本研究的研究主题之间建立明确的逻辑关系；其次，针对学者们的量表进行梳理、归纳、整合，然后采用深度访谈的方法，收集项目参加人员、企业项目主管等方面的建议，对问卷进行补充完善；最后，采用专家评定的方法，将修改后的量表在课题组内进行讨论，让具有类似研究背景的专家判断测量题目对所研究领域的取样是否具有代表性。通过这些步骤，可以认为，本研究中的量表的内容效度是有保证的。

由于本研究中同时测量若干个主题（概念），即使在同一个概念中，也可能会涉及多个维度，为了提高量表质量，除通过因子分析法测量结构效度外，本研究还采用会聚效度（convergent validity）与区分效度（discriminant validity）来对问卷质量进行控制。会聚效度与区分效度属于效度检验中的"测验间方法"，即同时考虑几个测验间的相关性，也就是说，测量相同结构的不同测验之间应当具有较高的相关性。

本研究通过 SEM 方法中的验证性因子分析（CFA）来检验研究量表的题项是否具有较高的会聚效度与区分效度。会聚效度是指题项与理论上测量相关特质的问题的关联程度，它关注的是采用不同方法测量同一特质所得结果之间的关联性。对于会聚效度，论文考察了每个构想概念（隐变量）的测量项目——因子的负荷值，本研究将因子负荷低于 0.5 的测量项目删去（Price，1997）；测量工具的因子显著，且超过 0.5 水平，则认为因素分析有意义，结果支持题项的会聚效果。

区分效度是指题项能否区分与测量特质不相关的因素，它关注的是用同一方法测量不同特质所得结果之间的关联性。Bagozzi 和 Phillips（1982）认为如果假设的四因素模型的 X^2 拟合指标比三因素、两因素和一因素模型中的 X^2 拟合指标要好，那么，就存在区分效度。Jap 和 Ganesan（2000）认为：以限制模型的 X^2 值与非限制模型的 X^2 值进行比较判断，两者相差越大表示变量间区分效度越大。所谓限制模型是指将潜变量间的相关系数限制为 1，而非限制模型则设置为自由参数。

（三）量表中变量正态性检验

本研究主要的数据处理方法为结构方程模型（SEM）方法，由于这种方法在计算时默认的估计方法为极大似然估计法（ML），其前提条件之一是变量为多元正态分布。因此必须对量表中变量数据进行偏度（skew）与峰度（kuriosis）检验。偏度与峰度可以用来描述数据的非正态程度，偏度反映数据的非对称性，负值表示分布为左偏态，正值表示分布为右偏态；峰度反映数据平坦或尖峰分布的情况。在非正态分布情况下，用极大似然估计法（ML）得出的卡方值和标准差 SE，都不是精确的，因此当数据的偏度与峰度值达不到规定标准时，就要考虑采用其他的估计方法，如加权最小二乘法（WLS）等。

根据 Mardia（1985）的研究，严格来讲，在 SEM 分析中观测变量的峰度及偏度系数最好介于 ±2 之间。Kline（1998）的研究认为偏度的绝对值大于 3、峰度的绝对值大于 10 时视为极端值，必须进行处理。

（四）因子分析

因子分析是从多个变量中选择出少数几个综合变量的

一种数据降维分析方法。在本研究中所采用的因子分析方法有探索性因子分析以及验证性因子分析，探索性因子分析采用主成分分析方法，对某一概念所对应的所有题项进行分析，以便提取合适的题项，归纳精简出解释度较高的因子，从而简化数据的结构。验证性因子分析主要用于确定概念中所包含的维度，从而作为 SEM 分析的基础。另外，验证性因子分析也是检验量表效度（结构效度与区分效度）的重要方法之一。

在探索性因子分析中，主要采用主成分因素分析法（principle component factor analysis）并采用最大方差（varimax）旋转法旋转主轴，以取得量表主要的因子结构。共同因子数目根据 Kaiser（1966）的标准，即选取特征值（eigenvalue）大于 1 的因子。在因子负荷上，本研究根据文献中大多数学者的观点，即要求旋转后的因子负荷量的绝对值大于 0.5，同一变量在不同因子上的负荷之差大于 0.3。同时，由探索性因子分析所得出的因子结构，将采用验证性因子分析进行维度验证。

第二节　知识产权风险影响协同创新组织形成绩效分析

知识产权风险对协同创新组织的影响，首先体现在对创新组织能否在预期的时间内组成，即形成效率，以及创新组织能否按预期目标组织匹配的成员，即形成质量，产生一定的影响。

一　协同创新组织形成质量与效率的理论分析

协同创新组织在运行阶段初期，需要清晰地明确组织特征、运行机制和重要任务。

从组织形态的角度看，协同创新组织是以各成员组织的内在发展需求和对创新的渴望为内驱力，通过一定的组织手段和市场调节机制，充分利用各自的资源优势谋求在技术、工艺、产品、市场等方面的创新突破，达成优势互补、风险共担、利益共享的原则，建立起稳定、有效、长期、制度化的利益共同体，从而促进成员企业的长足发展。因此，需要组织起理念一致、需求相同、愿意合作的成员企业。

从运行机制的角度看，契约关系是协同创新组织最为鲜明的组织特征。虽然协同创新组织自身不具有独立法人地位，但在组织成员共同认定的契约框架下，所有成员企业必须建立起权责利关系明确、风险共同承担、利益共同分享的运行机制。但契约的达成、共同的认可，恰恰会耗费较长的周期，影响组织的形成速度，甚至影响创新的开展，导致预期创新目标难以保持前沿竞争力。

从任务的角度看，协同创新组织体要完成的任务包括：一是搭建资源协同、技术共享的公共平台，提高资源利用率；二是开展创新合作，通过协同创新组织成员内部的有效分工，配置创新资源、产出创新成果；三是整合协同创新组织外部各类技术进入组织内部，让所有成员共同跟进前沿创新成果，提升所在产业整体竞争力；四是搭建人才团队，推动组织内部的人才流动、强化整体的人才培养，提升共同研发创新的实力，增进个体成员及组织创新发展的持续力。这些目标任务的实现，需要协同创新组织在形成阶段就进行明确的设定，并以组织规则和各类手段确保实现。

因此，在协同创新组织的形成阶段，能否按预期时间、预期满意度达成协作，有一个良好的开端，是整体组织运行的关键。

但是协同创新组织成员之间存在知识产权利益矛盾是必然的，协同创新所要求的知识产权共享与知识产权的固有属性之间的矛盾是不可避免的。知识产权所有者一旦决定向协同组织投入自己的资源，就会失去绝对的控制权，从而面临被侵蚀的风险。而且知识产权的价值越高，那么竞争也就更为激烈，协同创新组织成员面临的知识产权风险就越大。

协同创新的本质是多方共同投入、一起创新，但协同创新组织成员之间既相互竞争，又需要合作。故而，组织内部所发生的技术转移与知识流动必然会受到外溢或挪用的威胁，从而形成知识产权风险。

根据以上分析，知识产权风险在协同创新的运行周期内，对于协同创新组织形成前期的质量与协同创新组织形成效率均存在负向影响。由此提出假设：

知识产权风险负向影响了协同创新组织的形成质量。

知识产权风险负向影响了协同创新组织的形成效率。

二 变量的测量

（一）知识产权风险量表

学者们围绕知识产权风险开展了实证分析研究，本研究在充分考虑知识产权属性的基础上，参考 Bruce 和 Jack

(2004) 在 "Empirical Evidence Regarding the Tension Between Knowledge Sharing and Knowledge Expropriation in Collaborations"[①] 中所开发出来的较为成熟的知识产权风险测量量表，形成了如表 5.4 所示的测量项目共 5 项。

表 5.4　　　　变量测度——知识产权风险

最终测量项目
1 在协同创新组织的形成过程中，企业担心其他合作伙伴获得过多的知识产权
2. 担心协同创新组织成员会以各种借口，不将知识产权转移给我方
3. 在协同创新组织形成过程中，组织成员全力避免某些知识产权被我方获得
4. 在频繁的沟通交流过程中，管理层需要关注我方将知识产权无意间过度泄露给合作伙伴的问题
5. 由于合作伙伴缺乏沟通、不合作、过分保护其知识产权等原因，管理层需要关注我方知识产权获得不充分的问题

（二）形成质量量表

在协同创新组织形成阶段，企业需要决定是否参加协同创新。如果各个成员认为协同创新组织的未来目标是具有激励性的、方案是可行的、各方能承诺付出并实现合作绩效，那么会积极参与到合作中来。因此，本研究采用合作成员满意度指标来衡量协同形成质量，如表 5.5 所示。

[①] Bruce & Jack, "Empirical Evidence Regarding the Tension Between Knowledge Sharing and Knowledge Expropriation in Collaborations", *Managerial and Decision Economics*, No1. 25, 2004.

表 5.5　　　　　变量测度——形成质量

最终测量条款
1. 合作各方能够很好地实现合作既定目标
2. 合作各方为实现合作目标做出了努力
3. 合作各方认为合作是有价值的
4. 合作各方愿意继续进行合作
5. 合作各方愿意为继续合作投入更多的资源
6. 我方相信合作伙伴希望进一步深化合作

(三) 形成效率量表

形成效率意味着各成员积极合作从而推动了组织的高效建立，因此使用合作各方是否积极做事、合作流程能否建立、预计期限能否投入资源、预期目标达成情况等指标进行协同创新合作效率的衡量。借鉴 Bucklin 和 Sengupta (1993) 的研究内容形成以下测量条款[1]，如表 5.6 所示。

表 5.6　　　　　变量测度——形成效率

最终测量条款
1. 合作各方投入的人、财、物等资源在合作关系建立初期达到预期使用效果
2. 在预计的期限内，合作双方完成了预期的任务
3. 合作关系的最终确立在预计的期限内
4. 合作各方就标准流程、分工协作等规范化体系在合作关系建立初期达成一致
5. 合作关系建立初期，合作各方均积极做事，不消极怠工

---

[1] Bucklin, Louis P., Sengupta, Sanjit, "Organizing Successful Co-Marketing Alliances", *Journal of Marketing*, Vol. 57, No. 2, 1993.

三 实证验证

(一) 模型各要素信度及效度检验

本文采用克朗巴赫 α 系数来估计量表信度，α 系数越高则表示内部一致性越好，通常 $\alpha > 0.8$ 表示量表的信度非常好。效度可以分为内容效度和结构效度，在内容效度方面，本研究参考已有成果中信效度较高的相关量表来保证内容效度；在结构效度方面，本文采用因子分析来检验结构效度。

运用 SPSS 17.0 软件验证，形成质量、形成效率及知识产权风险的 α 系数分别为 0.919、0.897、0.861，各个测量指标都表现出了很高的载荷因子。

(二) 知识产权风险对技术协同创新形成影响的验证

依据模型运行结果，每一个要素的因子负荷都为正且较为显著，说明存在相关关系。而结构方程的拟合结果表明，所有路径系数的标准化解的绝对值均小于 1，模型中没有出现不恰当的解，如表 5.7 所示。

表 5.7　　　　　　路径系数

变量	协同创新组织形成质量	协同创新组织形成效率
知识产权风险	-0.16 (-1.93)	-0.23 (-2.75)

注：第一个数值为标准化值，( ) 内为 T 值。

根据 T 值检验，$P < 0.1$（T 值 > 1.65）；$P < 0.05$（T 值 > 1.97）；$P < 0.01$（T 值 > 2.60）；$P < 0.001$（T 值 > 3.30）。因此根据 T 值可以判断显著性水平。从模型拟合指数上来看，$\chi^2 / df = 490.79$，$df = 104$，$RMSEA = 0.081$，

NNFI = 0.91，GFI = 0.93，AGFI = 0.90，CFI = 0.93，各项指标拟合良好。

由上述结果可知，知识产权风险的提高降低了协同创新组织的形成质量和形成效率，假设均得到了支持。协同创新组织成员之间的竞合关系、知识自身容易被窃取的特性等，致使知识产权风险在创新组织成立之初就存在，导致各个成员既期待合作，又要防范风险带来的损失，从而使得合作开展的时间推进受到阻碍和延缓，合作组织形成的品质受到损害。并且，随着知识产权风险的增大，创新联盟的形成质量和形成效率会逐步降低。

第三节 知识产权风险对协同创新组织最终绩效的影响

知识产权风险首先影响的是创新组织的形成，导致组织难以达成共识、形成速度慢、形成质量低。其次，知识产权风险在创新组织运行过程中会带来很大的威胁，致使一些成员离开，创新过程推动艰难，甚至导致组织中途解体，致使前期投入全部损失。对创新组织运行阶段的影响研究将在未来深入分析。最后，知识产权风险对最终协同创新的组织绩效有着必然的影响，如设定的重大技术创新难以产出、新产品失败、研发能力不高等。

一 知识产权风险对协同创新最终绩效的影响

企业为了节约成本、保持竞争优势，就会选择与其他企业开展合作创新，而且必要时就要构建协同创新组织，通过隐性知识的交流转移来解决复杂的问题。那么，原本相对独立的企业就因为共同的诉求而走到了一起,通过协同创新来创造新的知识,这就必然涉及企业自身知识和知识所有权的转移。

交易成本理论认为合作必然伴随机会主义,是其代表性观点。机会主义行为会诱发某些企业不仅不进行有效的投入,反而利用监督空缺挪用甚至窃取其他合作伙伴的知识产权,从而引发风险。更为重要的是知识产权的无形性、流失和投入不足的隐蔽性和快捷性等固有属性更加强化了伙伴的机会主义行为。Kale 等人的研究发现协同成员企业之间关于是否会实施机会主义行为的相互猜疑大大降低了协同的开放性与透明性,从而引发协同各方不愿意共享自身的知识产权与核心信息。

如果协同成员一旦存在"搭便车"、恶意窃取等机会主义行为的话,必然导致合作伙伴持有戒心,对合作的信心也会发生动摇,从而保护自身的知识、放缓或阻止知识的流出与分享,最终影响协同创新组织的绩效。因此,本研究提出如下假设:

随着知识产权风险的增加,协同创新组织的最终绩效受到损害。

二 创新绩效的测度

协同创新组织绩效评价相当复杂,是协同创新研究中最有趣亦是最为困惑的领域。关于技术创新绩效的相关研究已有较长的时间和可观的文献数量,在此不再进行综述与评判。针对协同创新的特征,鉴于广大学者的研究,本研究认为协同创新的目标包括推出新产品和新工艺、提升创新能力、创新收入的提升以及研发能力的增强。因此,在参考前期学者研究成果的基础上,得到创新绩效的测度量表如表 5.8 所示。

表 5.8   变量测度——创新绩效

最终测量条款
1. 合作后,创新组织推出了新产品、新工艺
2. 合作后,创新组织整体新产品收入占销售收入的比例不断提高
3. 合作后,创新组织主持或参与过高规格标准制定、高级别研究项目
4. 合作后,创新组织的产品更新率高、更新周期短
5. 合作后,创新组织满足市场创新需求的能力不断提高

三　知识产权风险对协同创新最终绩效影响的验证

运用 SPSS 17.0 软件验证,创新绩效的 α 系数分别为 0.904,各个测量指标因子载荷都高于 0.8。结构方程模型的拟合结果表明,在相关关系的测量模型中,各因素包含的所有指标的因子负荷均为正值且显著,所有测量误差均为正值。

从模型拟合指数上来看,χ^2/df = 118.61,df = 26,RMSEA = 0.084,NNFI = 0.93,GFI = 0.92,AGFI = 0.90,CFI = 0.91。各项指标均拟合良好。路径系数为 -0.22,验证了提出的假设,如表 5.9 所示。

表 5.9   路径系数

变量	技术创新绩效
知识产权风险	-0.22(-2.41)

注:第一个数值为标准化值,( )内为 T 值。

研究结果表明，在协同创新过程中，如果某个组织成员不履行约定，在投入资源时有所保留，那么另一方就会采取相应的办法以避免自身遭受损失，导致协同创新的产出低下，影响协同创新的绩效。而且，协同创新的绩效也会受到知识产权流失风险的影响，特别是在运行过程中，机会主义行为所诱发的风险会明显降低各个成员的期望，从而对创新绩效带来负面影响。

第六章

协同创新绩效实证研究：基于契约型组织特征的视角

在组织创新合作的历程中，无论是以前常常提到基于主体视角的科技合作、产学研合作，还是基于组织方式视角的创新联盟、创新网络、创新体系等，其合作都是各自独立的主体在一定的契约基础上组成新的合作组织，即契约型组织。这种多主体形成的契约组织虽然有着共同的目标和合作意向，但不可避免地存在着文化、利益等方面的冲突，在运行中存在着多个独立主体难于管理和协调，以及契约不完备所带来的各类问题。本章就协同创新组织自身所具有的契约型组织特征对创新绩效的影响，从文化差异、短期利益和管理复杂性的角度展开分析，也讨论了组织成员互动和组织成员共同认知的调节效应，并运用调研数据对理论假设进行了验证。

第一节 问题的提出

创新驱动发展战略既是我国经济转型升级的强力引擎，更是区域经济和微观企业面向未来可持续发展的内在动力。

但个体组织创新均面临创新风险大、创新资源不足、创新收益不确定等风险，因此，资源共享、风险共担的协同创新成为必然选择，其具体的实现形式多是以契约为纽带组建的或松散或紧密的契约型组织。这类组织形式具有的管理复杂性、契约不完备性、利益短期性、文化冲突性等特征，给协同创新带来了资金风险、投入风险以及知识产权归属风险等一系列问题，增加了合作组织的运行成本，阻碍了成员间的顺利沟通，导致了组织关系及结构的复杂化，影响了合作平台的搭建，最终降低了合作组织的创新绩效，甚至导致协同创新中途的解散。

针对这一问题，有的学者从交易费用理论、资源依存理论和社会网络理论解析了协同创新建立契约关系、形成契约型协同创新的合理依据。有的学者分析了协同创新"契约式"模式容易产生知识产权流失、知识产权利益冲突及知识产权风险问题后，提出将知识产权归属"章程化"，纳入协同创新组织共同认同并遵守的整套章程条款中。Möhring 等（2015）认为契约存在于整个活动中，契约的签订保证了实施的稳定性，通过制定最初既定的资源、合作者及他们协调合作的方式，预测和规范未来的活动，凝聚了协同创新内部共同的观念，获得技术潜力，提升共同期望的创新结果。[①] Panesar 和 Markset（2008）认为契约的期限、契约的类型和控制机制都可能会影响到契约执行的进

[①] Möhring, Monika Maria, Finch, John, "Contracts, Relationships and Innovation in Business-to-Business Exchanges", *Journal of Business & Industrial Marketing*, Vol. 30, No. 3 - 4, 2015.

程。① Murray R. Barrick 等（2015）从组织理论与组织参与的角度指出激励性的工作设计、人力资源管理实践和首席执行官型领导等三个因素可以让组织成员提高对组织的认同度，从而对协同的绩效产生正面影响。② 还有学者通过实证验证了创新目标的复杂性、内部竞争对手的存在和联盟成员权力的不平等性都阻碍了契约式联盟更好地发展。

这些研究从契约的角度寻找解决问题的对策，并提出了完善契约的理论思考和方法路径，但更进一步地探讨契约型组织特征是如何影响协同创新绩效，尤其是如何通过其他因素解决不利影响从而推动绩效的提升的，还未进行系统的关注和实证分析。本章首先深入系统地探讨了契约型组织自身固有的特征，其次剖析了这些特征对创新绩效的作用机理，最后论证了组织成员的互动强度和共同认知作为调节变量对组织特征与创新绩效关系的治理与改善作用。

第二节 理论与假设

一 契约型组织的特征

契约型组织的生命周期基本包括形成、运行及结束三个递进阶段，在形成初期涉及合作伙伴的选择、合作范围

---

① Sukhvir Singh Panesar, Tore Markeset, "Development of a Framework for Industrial Service Innovation Management and Coordination", *Journal of Quality in Maintenance Engineering*, Vol. 14, No. 2, 2008.

② M. R. Barrick, G. R. Thurgood, T. A. Smith, S. H. Courtright, "Collective Organizational Engagement: Linking Motivational Antecedents, Strategic Implementation, and Firm Performance", *Academy of Management Journal*, Vol. 58, No. 1, 2015.

的确定、契约内容的商定等，合作伙伴决定了组织内部文化价值取向和核心竞争能力，合作范围确定了合作对象的地理区域和核心资源的互补性，契约内容由合作各方共同签订，为解决合作中的矛盾准备了解决依据，因此这些因素共同构成了或松散或紧密、或信任或投机等不同的契约组织体的合作基础，且对今后的发展起着决定性作用。在契约组织运行期间，合作各方的目标一致程度、契约遵守情况、资源投入力度、成员磨合状况等都是导致合作中途解散的重要隐患，而组织较长的运行时间能为创新绩效的提升提供更多的契机。当契约型组织内部动荡时，内部治理方式使整体组织向两种极端方向发展，即持续平稳地更好发展或解散。由上述分析可知，契约型组织的形成基础、运行时间和内部治理是组织持续发展的重要因素，因此重点从以上三方面剖析契约型组织的固有特征。

从契约型组织的形成基础上看：首先，组织的形成是各个企业为了寻求异质性知识而聚集在一起，企业的发展历程与发展阶段赋予了企业不同的专用性资产，以至于各个企业的技术和知识基础千差万别。其次，企业受地理位置和经济区域的影响形成了企业独特的文化，不同的文化影响了企业员工的价值观、思维意识以及行动，同时各地的企业受历史、交通、优惠政策、经济条件等因素的限制，导致不同的企业对待合作创新的方式和态度有所差异。最后，企业制定规章制度需要与自身的发展阶段和直接目的相匹配，而企业不可复制的吸收能力直接影响了其发展阶段，进而决定了迥然不同的直接目的，这将引发成员间关于创新的规章制度认知的千差万别。在此将组织之间存在的知识储备差异、企业文化差异和规章制度差异统归为文化差异。

从契约型组织的运行时间上看：第一，订立完整契约的成本是昂贵的，契约的不完全性不能约束个体对其严格遵守，当契约与个体利益冲突时，契约的存在也不能保证该组织长期的发展。第二，契约型组织多为临时构建的，成员间并没有牢固的信任基础，主要通过契约实现资源配置，然而由于成员对核心资源的保护心理产生了道德风险，使契约难以顺利完成其主要任务。第三，伙伴间竞争的存在阻碍了成员从中获得高质量的资源，加上成员组成契约型组织的原因之一是共同完成某个具体的目标或项目，签订的契约多为即时性的，因此，成员在获得短期利益后会寻找合适时机退出，联结其他伙伴获得其他急需的资源。所以契约型组织运行时间与成员的利益紧密捆绑在一起，利益的实现进度保证了契约的存续时间。

从契约型组织的内部治理上看：第一，保持独立性的契约成员迫于竞争的压力和异质资源的需求往往会介入多个创新组织中，非层级的组织控制能力弱，不能支配某个成员的行为，不能有效地协调利益冲突继而顺利地向最终目标运行。第二，契约型组织的构成没有统一的标准，为了共同利益而进行的自组织，造成了组织内的成员分布不均匀、核心资源不一致、价值观念不统一、利益目标不协调等，降低了管理的有效性。第三，成员企业随着环境的变化而不断改变其经营战略，不同的合作阶段难以用固定的条款长期约束彼此的权责利，且契约难以预测未知的重要事件，而修改契约需要付出高成本，无疑稳定的管理方法难以维持下去。组织运行的效率与其内部治理密切相关，好的治理体系能有效调节组织内部矛盾与冲突。基于上述分析，可以用管理复杂性描述组织的内部治理现状。

二 契约型组织的特征与协同创新绩效的关系

在资源转移方面，异质性知识丰富了创新组织的知识网络，然而匹配相关资源的时间随着知识差异性的扩大而不断延长，加大了相关资源转移的难度，丧失了创新的最佳时机；根深蒂固的企业文化指导具体创新行为，然而成员接受异质性文化后容易产生"文化休克"，导致创新行为大相径庭，造成创新资源浪费或转移的知识未得到有效利用；知识基础决定了成员消化外界知识的程度，成员获取资源后并非直接转化成商业价值，这需要具备一定的吸收能力，然而由于成员能力的不同使得资源转移的意义不同，这都直接影响了最终协同创新绩效的质量。

在运行成本方面，相似的知识背景能够降低知识传递过程中的理解偏差，相反则需增加对其解释的时间，以构建协调冲突的平台，加大了沟通成本；企业差异性文化容易造成文化冲突，进而降低了彼此间的信任度，需完善契约条款来保证合作的顺利实施，加大了契约成本的投资力度；由于成员侧重不同的技术创新，或同种技术的创新能力存在差异，难以实现合作进程紧密衔接，使得合作创新踟蹰不前，增加了成员的机会成本等，这些都严重阻碍了最终协同创新绩效的效率。由此提出假设：

H1：组织成员间文化差异性越小，协同创新绩效越大。

在认知方面，首先，过短的合作期导致对合作伙伴的了解程度不到位，信息不对称性容易扭曲成员间的合作动机及行为，形成敏感、怀疑、误解、消极等不良情绪的恶性循环，当这种情绪蔓延至整个组织后将直接导致该组织的瓦解。再者，利益短期性不能保证成员正确对待合作与竞争的关系，多数成员为了当前利益而放弃规范的合作方式,当创新目标、合作过程和利益分配等发生冲突时,信任机制不健全、契约制定不完备、沟通方式不恰当等多种因素会导致合作伙伴僵持不下,在思想上不利于产生高效率的创新绩效。

在行动方面,首先,协同创新组织成员多为项目的需要而聚集在一起,又会为项目的结束而解散,一般以中短期的利益为重,合作时间相对较短,搭建信任和依赖的合作渠道的概率较低。其次,契约型组织也无法根除竞争的弊端,搭便车、欺骗、敲竹杠等行为层出不穷,且组织成员投入资源的质和量也存在差异。最后,协同创新组织成员过短的合作期降低了员工间交流和知识转移的有效性,在不能完全理解的情况下直接应用会对工作配合熟悉程度以及创新成果产生不利影响。这将直接导致创新绩效的质量下降。由此提出假设:

H2:组织成员间短期利益性越小,协同创新绩效越大。

组织管理倾向于契约约束和关系管理相结合的治理模式,从关系角度考虑,若组织有规范的关系制约引导,则能有效地规避投机行为,取代部分契约条款。然而拥有独立决策权的成员联盟,由于合作经历、合作目标等的不同,加剧了关系管理复杂性,进而冲击了和谐的合作关系、增加了知识转移的风险,这将消耗企业更多的时间和精力去解决频繁的合作冲突、维系友好的合作平台、保护自身的核心知识,无疑加重了组织管理成本和监督成本。国内外的许多学者都认为,契约型组织的这种管理复杂性对组织的决策、激励、成本以及成员间的沟通等多个环节都会造成负面消极的影响。由此提出假设:

H3:组织成员管理复杂性越小,协同创新绩效越大。

三 社会资本的调节效应研究

协同创新建立的目标即在降低不确定性风险的基础上以更低的成本获得更好的创新绩效,契约型协同创新能协助成员在确保自主经营权的情况下实现该目标,多数学者对比股权式协同创新和契约型协同创新后,发现目前契约型协同创新是协同创新的首选形式,且该组织的特征嵌入在每一个协同创新组织内部,从根本上引导成员的价值取向和创新行为,直接影响协同创新的绩效。但资源的异质性、利益的驱动性、成员的多样性、契约的不完备性等又难以使任何协同创新组织摆脱自身的弊端。那么,应如何平衡组织固有的特征,规范合作方式进而提升协同创新绩效?

Hualiang Lu 等(2012)认为社会资本有助于组织成员及时获取创新资源、技术诀窍和资金支持,在研究合作关系和经济行为中具有普适性。[1] 多数学者从成员的关系、结构和认知三个方面探讨社会资本如何联结成员的合作,关系满意度以高度信任、共同认知为推力,互动强度又能巩固合作成员的信任基础,因此综合上述分析,引用社会资本的互动强度和共同认知作为调节变量,解决上述问题。

协同创新的组建多具有临时性,缺乏前期合作的基础,不能真正了解合作伙伴,难以构建信任的氛围,成员内部关键的资源自然不会经由该渠道共享,从而失去了创建协同创新组织的本质意义——低成本获取丰富资源。有学者观察到创新企业和合作伙伴的社会互动强度能够促进商业

---

[1] Hualiang Lu, Shuyi Feng, J. H. Trienekens, S. W. F. Omta,"Network Strength, Transaction-Specific Investments, Inter-Personal Trust, and Relationship Satisfaction in Chinese Agri-food SMEs", *China Agricultural Economic Review*, Vol. 4, No. 3, 2012.

信息交流。高频率的社会互动会提高对对方能力以及文化的认可度。在个体层面上，更有利于主体间分享精细化的和深层次的知识，丰富了组织内部知识的新颖度，为解决创新过程中的瓶颈问题提供了新方案，合理地使差异性文化为提升绩效服务。

在整体层面上，广泛的网络接触为深入了解团队成员各自技能与知识提供了机会，能做到有条不紊地厘清各个成员的竞争优势，在相互了解的情况下能降低冲突的频率，缩减了用于管理协同创新组织的时间和精力，而更多的是用来补充多元知识，进而帮助协同创新取得建设性创新。在个体层面上，强联系增进了彼此的感情交流，使成员乐于积极主动地帮助合作伙伴，摒除了机会主义等弊端思想，降低了对治理机制的依赖，保证了契约条款的顺利执行。

据此分析，可提出如下假设：

H4a：随着组织成员互动强度的提高，文化差异性对协同创新绩效的负向影响减小。

H4b：随着组织成员互动强度的提高，短期利益性对协同创新绩效的负向影响减小。

H4c：随着组织成员互动强度的提高，管理复杂性对协同创新绩效的负向影响减小。

共同认知是指契约型组织内部成员有共同的目标方向和相似的价值理念。整合个体知识的团队过程受制于团队成员共同的心智模式。共同的目标凝聚了组织成员思想共识，提高了理解异质性知识的能力，充分利用了合作伙伴不同的文化基础和文化特色。Grant（1996）指出没有共同的认知框架，个体就无法发现、理解和交换独特的知识。[①]因此共同认知有助于更好地理解对方的文化并能够加以借鉴，全面地提升自身的文化基础，进而为联盟整体绩效的提高做出贡献。

企业吸收外部知识是由它们知识的基础决定的，越是对要吸收的专业知识有了解时，就越容易产生兴趣、越容易理解、越容易快速吸收。同时价值观的一致性能有效避免投机行为，良好的信任能降低沟通成本、提高合作效率，为实现短时间内提高创新绩效的目标带来了希望，因此共同认知有助于促进协同创新实现高质量的短期利益。

从成员角度考虑，契约型组织的成员是由多个单独的企业构成的，组织成员间的共同认知程度越高，越有利于成员间的沟通，能更好地自行协调冲突，阻止了冲突范围的蔓延。从契约角度考虑，共同的认知能提高成员的自律性，在一定程度上代替了具有约束性的契约，且随着环境的变化能一致地做出行为调整，而不再拘泥于契约的内容，使管理更加简单化。因此，共同的认知能降低管理复杂性，进而提高创新绩效。

据此分析可提出如下假设：

H5a：随着组织成员共同认知的提升，文化差异性对协同创新绩效的负向影响减小。

H5b：随着组织成员共同认知的提升，短期利益性对协同创新绩效的负向影响减小。

H5c：随着组织成员共同认知的提升，管理复杂性对协

---

① Grant R. M., "Toward a Knowledge-Based Theory of the Firm", *Strategic Management Journal*, Vol. 17, 1996.

同创新绩效的负向影响减小。

第三节 实证检验

一 变量的测量

(一) 契约型组织的特征

关于企业文化差异的研究,大多数学者都把重点放在国内与国外企业间的差异,尤其是跨国企业中的文化冲突问题上。本研究重点关注的是国内跨领域、跨行业的创新合作。根据爱德华·霍尔的思想,文化差异会在语言、风俗习惯、行为等方面有所表现。邓雪(2010)在其对组织间学习的实证研究中重点关注了组织间的文化差异问题,并用3个题项来测量。[①] 本研究通过阅读约翰·科特等的《企业文化与经营业绩》中的访谈大纲[②],结合邓雪的测量量表,并考虑创新合作组织内部的一些特殊情境进行修订,形成了表6.1所示量表。

表6.1　　　　变量测度——文化差异性

最终测量条款
1. 我们企业与合作企业在规章制度方面相差很小
2. 我们企业与合作企业的创新理念方面相差很小
3. 我们企业与合作企业在组织管理机制方面相差很小
4. 我们企业与合作企业的价值观一致
5. 合作成员在组织文化方面能够相互适应

[①] 邓雪:《企业战略联盟组织间学习的实证研究》,博士学位论文,辽宁大学,2010年。

[②] [美]约翰·科特、詹姆斯·赫斯克特:《企业文化与经营业绩》,曾中、李晓诗译,华夏出版社1997年版。

关于组织成员短期利益性的测量量表，目前，国内和国外学者的研究和测量标准还比较少，陈菲琼（2002）曾提出过创新联盟企业的组织共同利益与私人利益的评价系统①，作为本研究的参考内容，并在大量参考利益模型研究、结合创新合作组织成员的利益诉求与追逐等的基础上进行了修订，得到表 6.2 所示量表。

表 6.2　　　　变量测度——短期利益性

最终测量条款
1. 合作关系不会因为短期的经济利益而轻易改变
2. 合作企业不会利用我们的问题去获取利润
3. 合作企业做重大决策时会考虑到我们的利益
4. 我们觉得合作企业是诚实可靠，可以依赖的
5. 我们期望与合作伙伴的关系能够长久保持

关于组织管理复杂性测量量表，我国学者詹也（2013）曾把创新联盟组织的管理能力分为组合设计能力、合作主导能力、关系治理能力以及资源配置能力 4 个自变量来考虑。② 由于本文所指的管理复杂性与詹也的管理组合能力中的资源配置能力和合作主导能力的部分概念相对应，故本文以其所应用的问卷为基础进行修改，形成了表 6.3 的测量量表。

---

① 陈菲琼：《企业联盟绩效私人利益和共同利益评价系统》，《科研管理》2002 年第 4 期。

② 詹也：《联盟组合管理能力对企业绩效的作用机制研究：联盟效率二元性的中介效应》，博士学位论文，浙江大学，2013 年。

表6.3　　　　　　变量测度——管理复杂性

最终测量条款
1. 合作组织中各成员之间容易进行沟通和协调
2. 合作组织中各企业需要合作时，工作效率比较高
3. 合作组织中有跨部门的管理团队
4. 合作组织中各企业间有明确的协调分工机制
5. 不需要通过彼此意见的交换与共识的达成才能决定合作组织之重大决策

关于组织成员互动强度的测量量表，Inkpen 在 2000 年开发的量表中有关于互动程度的测量标准，它包含的主要内容有成员间相互的拜访次数以及合作伙伴间在一定时间内能够共同解决问题的次数和频率。也有学者通过"不管什么时候，只要合作伙伴需要，我们都能够提供相关信息"以及合作伙伴间企业高层的沟通和会面次数来衡量互动程度。中国学者杨阳在其2011年的博士学位论文中采用"我们与联盟伙伴间经常进行如聚餐、旅游等非正式活动"等5 个题项对互动强度进行测量。[①] 本文在参考以上学者的研究成果的基础上，得到表 6.4 所列测量题项。

关于组织成员共同认知的测量量表，本研究所阐述的共同认知是指创新组织成员对实现共有目标所产生的意愿和期望。当合作组织的共同目标与战略被阐述清楚时，合作伙伴和企业中会建立起来一种共同理解的基础，这些可以促进组织间的融合，使合作伙伴的技术和知识相互之间联系和吸收得更加快速。李运河（2010）曾用 4 个题项对

---

① 杨阳：《战略联盟演化中组织间学习对联盟绩效的影响研究》，博士学位论文，吉林大学，2011 年。

其进行测量。[①] 本文在参考李运河的测量量表之后,考虑到创新合作的特殊境况,修订形成表 6.5 所示量表。

表 6.4　　变量测度——组织成员互动强度

最终测量条款
1. 合作成员之间经常派遣人员到对方了解情况
2. 合作成员经常进行多种形式的非正式交流
3. 我们与合作成员经常共同解决产品开发过程中存在的问题
4. 合作成员彼此之间的信息交流非常及时
5. 合作成员之间重视交换彼此的意见并达成共识

表 6.5　　变量测度——组织成员共同认知

最终测量条款
1. 合作企业都清楚合作的目的和意义
2. 我们有共同的目标追求
3. 我们在整体利益最大化方面观点很一致
4. 我们在组织运行管理方面有共同的观点

二　模型检验

本研究采用结构方程模型对验证后的数据进行拟合优度检验和路径分析,拟合指标包括 χ^2/df、RMSEA、GFI、IFI、CFI、NFI 指标,与参考值比较后可以发现整体拟合程度良好,各项数据分别为 $\chi^2/df = 2.765$,RMSEA $= 0.087$,GFI $= 0.84$,IFI $= 0.93$,CFI $= 0.93$,NFI $= 0.90$。

[①] 李运河:《战略联盟关系治理对知识转移影响的实证研究》,《中国商贸》2010 年第 29 期。

路径系数和 T 值也符合该方法的标准，具体为：组织成员间文化对协同创新绩效的影响，路径系数为 -0.21，T 值为 -2.22；短期利益性对协同创新绩效的影响，路径系数为 -0.28，T 值为 -2.99；管理复杂性对协同创新绩效的影响，路径系数为 -0.17，T 值为 -1.92。三个假设均得到很好的验证，即契约型组织的文化差异性、短期利益性和管理复杂性都与协同创新绩效的提升呈反向关系。

三 调节效应分析方法

关于调节效应的分析方法，温忠麟等（2005）进行了长期的研究，针对各种方法做了详细的比较和介绍。[①] 参考他们的研究，在此就调节效应的分析做一简单介绍，以说明所采用的方法的适用性和科学性。

如果变量 Y 与变量 X 的关系是变量 M 的函数，称 M 为调节变量。调节变量影响因变量和自变量之间关系的方向（正或负）和强弱。就是说，Y 与 X 的关系受到第三个变量 M 的影响，这种有调节变量的模型一般地可以用图 6.1 表示。

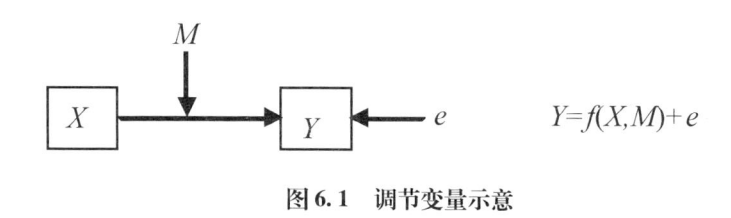

$Y=f(X,M)+e$

图 6.1 调节变量示意

---

① 温忠麟、侯杰泰、张雷：《调节效应与中介效应的比较和应用》，《心理学报》2005 年第 37 期。

最简单常用的调节模型通常假设 Y 与 X 有如下关系：
$$Y = aX + bM + cXM + e$$
可以把上式重新写成
$$Y = bM + (a + cM)X + e$$
对于固定的 M，这是 Y 对 X 的直线回归。Y 与 X 的关系由回归系数 $a + cM$ 来刻画，它是 M 的线性函数，c 衡量了调节效应（moderating effect）的大小。对调节效应的分析主要是估计和检验 c。如果 c 显著（即 H_0：$c = 0$ 的假设被拒绝），说明 M 的调节效应显著。

需要特别说明的是，调节效应和交互效应这两个概念不完全一样。在交互效应分析中，两个自变量的地位可以是对称的，其中任何一个都可以解释为调节变量；也可以是不对称的，只要其中有一个起到了调节变量的作用，交互效应就存在，但在调节效应中哪个是自变量哪个是调节变量，是很明确的，在一个确定的模型中两者不能互换。

（1）显变量的调节效应分析方法。调节效应分析方法根据自变量和调节变量的测量级别而定。变量可分为两类：一类是类别变量（categorical variable），包括定类和定序变量，另一类是连续变量（continuous variable），包括定距和定比变量。定序变量的取值比较多且间隔比较均匀时，也可以近似作为连续变量处理。

当自变量和调节变量都是类别变量时做方差分析。当自变量和调节变量都是连续变量时，用带有乘积项的回归模型，做层次回归分析：1）做 Y 对 X 和 M 的回归，得测定系数 R_1^2。2）做 Y 对 X、M 和 XM 的回归得 R_2^2，若 R_2^2 显著高于 R_1^2，则调节效应显著；或者，做 XM 的偏回归系数检验，若显著，则调节效应显著。

当调节变量是类别变量、自变量是连续变量时，做分组回归分析。但当自变量是类别变量、调节变量是连续变量时，不能做分组回归，而是将自变量重新编码成为虚拟变量（dummy variable），用带有乘积项的回归模型做层次回归分析。

需要说明的是，除非已知 X 和 M 不相关（即相关系数为零），否则调节效应模型不能看标准化解。这是因为，即使 X 和 M 的均值都是零，XM 的均值一般说来也不是零。

（2）潜变量的调节效应分析方法。潜变量的测量会带来测量误差，所以考虑潜变量时都认为是连续变量。有潜变量的调节效应模型通常只考虑如下两种情形：

一是调节变量是类别变量、自变量是潜变量时，做分组结构方程分析。做法是：先将两组的结构方程回归系数限制为相等，得到一个 χ^2 值和相应的自由度。然后去掉这个限制重新估计模型，又得到一个 χ^2 值和相应的自由度。前面的 χ^2 减去后面的 χ^2 得到一个新的 χ^2，其自由度就是两个模型的自由度之差。如果 χ^2 检验结果是统计显著的则调节效应显著。

二是调节变量和自变量都是潜变量。有许多不同的分析方法。Kenny 和 Judd（1984）提出了带乘积项的结构方程模型，通过添加非线性约束条件，来实现对变量间交互效应的估计，从而使通过结构方程模型分析潜变量交互效应成为可能。[①] Joreskog 和 Yang（1996）在 Kenny-Judd 模型的基础上考虑了指标带有常数项的非中心化模型（即 Jores-

---

[①] Kenny, D. A., Judd, C. M., "Estimating the Nonlinear and Interactive Effects of Latent Variables", *Psychological Bulletin*, Vol. 96, No. 1, 1984.

kog-Yang 模型），他们发现，如果不加入乘积指标，从结构方程的角度来看，Kenny-Judd 模型无法进行估计。[1] Algina 和 Moulder（2001）修改了 Joreskog-Yang 模型，简化了模型和所需约束的个数，使得修改后的模型（即 Algina-Moulder 模型）更容易收敛。Moulder 和 Algina（2002）在更宽泛的条件下比较了六种估计交互效应的方法，发现 Algina-Moulder 模型是估计变量交互效应的最有效的方法。[2]

经过学者们的不断修订更新，加入乘积项的结构方程模型已经逐步完善，是目前较好的分析潜变量交互效应的模型。然而，这些方法都包含有非线性约束，用来指定与交互项相关的因子负荷及方差，因此也被称为有约束方法。这类方法通常需要大量的非线性约束条件，从而使自由估计的参数之间存在非线性关系，无法被独立估计。而且这类方法的假设前提是变量是正态分布的，但是即使观测变量是正态分布的，它们的乘积项也很难保证其正态性，对于非正态性数据会产生交互效应的系统性偏差（Wall & Amemiya，2001）。Wall 和 Amemiya（2001）提出一种针对非正态数据的 GAPI 方法，但是它仍然需要复杂的非线性约束。[3]

---

[1] Joreskog, K. G., Yang, F., "Nonlinear Structural Equation Models: The Kenny-Judd Model with Interaction Effects", in Marcoulides, G. A., Schumacker, R. E. (Eds.), *Advanced Structural Equation Modeling: Issued and Techniques*, Mahwah, NJ: Erlbaum, 1996.

[2] Moulder, B. C., Algina, J., "Comparison of Methods for Estimating and Testing Latent Variable Interactions", *Structural Equation Modeling: A Multidisciplinary Journal*, Vol. 9, No. 1, 2002.

[3] Wall, M. M., Amemiya, Y., "Generalized Appended Product Indicator Procedure for Nonlinear Structural Equation Analysis", *Journal of Educational and Behavioral Statistics*, Vol. 26, No. 1, 2001.

由于指定非线性约束需要相当的技巧，这使得通过 SEM 来分析潜变量交互效应的方法受到了限制。为了克服这一不足，Marsh，Wen 和 Hau（2004）提出了一种分析潜变量交互效应的非约束化方法，通过与有约束方法、GAPI 方法进行比较，他们发现无约束方法并不受正态性的限制，因此无须考虑乘积项的正态性，而且通过采用一定的构建乘积项技巧，可以取消大部分复杂的非线性约束条件，从而使通过 SEM 分析潜变量交互效应的过程大大简化。[①] 还有学者也基于类似的原理，提出了分析潜变量之间的二次方关系的具体方法。由于无约束方法在保证检验功效的前提下，有效避免了复杂的非线性约束条件，实现了有效性与操作性的统一，因此本研究也采用 Marsh，Wen 和 Hau（2004）提出的非约束方法来分析潜变量之间的调节效应。

四　调节变量分析

本研究的调节变量分析在结构方程模型中同样进行路径分析和拟合优度检验，具体各项数值可参考表 6.6，可以发现仍具有较高的拟合优度。

检验结果显示假设 4a 和 4b 获得数据支持，即契约型组织内部的文化差异性和短期利益性随着互动频率的加强能有效提高协同创新绩效，这表明较大的文化差异性和利益的短期性对协同创新绩效产生的负向影响，能通过高频率的互动改善这一不足；假设 4c 未通过验证，未获得支持的原因可能是：从互动的宽度上看，过高的互动能帮助企

[①] Marsh, H. W., Wen, Z., Hau, K. T., "Structural Equation Models of Latent Interactions: Evaluation of Alternative Estimation Strategies and Indicator Construction", *Psychology Methods*, Vol. 9, No. 3, 2004.

业拓宽合作交流的渠道，吸引更多的合作伙伴，进而容易出现"小团体"现象，反而加大了管理的难度。从互动的深度上看，强联系弱化了内部知识的差异性，削弱了内部知识的多元化，重复冗余的知识增加了成员获取资源的时间和成本，因而逐渐被同化的知识使得创新绩效大打折扣。

表 6.6　　调节效应模型拟合指数与分析结果

假设	χ^2/df	RMSEA	NNFI	GFI	AGFI	CFI	路径系数	T 值	检验结果
4a	2.94	0.091	0.91	0.87	0.80	0.92	-0.15	-1.89	支持
4b	2.87	0.071	0.92	0.94	0.93	0.93	-0.38	-2.13	支持
4c	2.59	0.082	0.96	0.93	0.87	0.98	0.06	0.73	不支持
5a	3.12	0.093	0.93	0.81	0.92	0.93	-0.23	-2.83	支持
5b	2.67	0.087	0.94	0.85	0.91	0.96	-0.08	-0.71	不支持
5c	2.57	0.072	0.94	0.92	0.85	0.96	-0.17	-1.91	支持

假设 5a 和假设 5c 通过了验证，即契约型组织内部的文化差异性和管理复杂性能随着共同认知的程度而得到相应的调节，这表明，即使文化差异和管理复杂程度较大，鉴于成员高度的共同认知能缩小内部文化差异与缓和管理的复杂性，进而也能提升协同创新绩效；假设 5b 未得到验证，可能的原因是组织内部共同的认知无法彻底消除成员间的竞争，同时成员有限的理性使得短期利益超越了不确定的未来收益，当获得短期利益后，竞争的存在会迫使成员加强保护自身的收益，共同的认知不能充当完全信任的角色。也有可能是因为量表的质量和数量有限，不能达到预期的效果。

第四节 结果讨论

一 主要结论

一是契约型组织的文化差异性、短期利益性、管理复杂性特征阻碍了整体创新绩效的提升。成员间的文化差距影响了知识共享的质量,加大了知识准确快速传递的难度。构成成员在合作中难以建立高的信任度,存在的机会主义、敲竹杠等行为使部分企业在获得当前利益后退出了合作。而成员高度的自主经营权极大地限制了合作的整体效率,最终影响了整体创新的绩效。这一研究结论从理论上精准地指出了契约组织内部在提升创新绩效方面需要调整和改善的方向。

二是社会资本的互动强度有效改善了文化差异性、短期利益性对创新绩效的制约,共同认知有效改善了文化差异性和管理复杂性对创新绩效的制约。这一研究结论丰富和发展了契约型组织治理渠道。高频率互动促进了成员之间了解彼此的风格和优势,接纳不同的文化,准确掌握对方的知识,并碰撞出新的创新知识。较强的联系增进了成员间彼此的信任,更好地交流思想,促进了知识的流动,激励了继续合作的意愿。共同的认知将双方的思想和行为进行了目标聚焦,加强了自律性,进而从根本上解决了内部管理的问题。这一研究结论从理论上丰富和发展了契约型组织的治理渠道。

二 管理启示

一是协同创新组织内部成员之间应该经常进行多方面

的文化交流。有效的文化交流有利于契约型组织成员彼此间隔阂的消除，为组织成员之间的知识吸收与转移打下良好的基础，将组织成员间的技术经验转化为自身的知识，进而对促进创新成果的产出产生积极的影响。

二是协同创新组织在成立时应当建立明确的目标，增加组织成员的共同认知度。完成目标是契约型组织存在的根本原因，明确合理的共同目标可以使组织成员间的活动协调一致，减少成员间的摩擦，同时对组织成员具有激励的作用，进而对创新绩效的输出产生积极的影响。

三是协同创新组织的管理机制对创新绩效的产出具有很大影响。由于契约型组织之中不存在纵向的上下级关系，因此，组织成立时签订的管理契约显得尤为重要，太过复杂的契约会对组织成员产生较大的约束，过于简单的契约会使组织管理上产生较大的漏洞，这两种形式都会给契约型组织造成毁灭性的打击，不利于组织目标的实现。因此，管理契约要根据合作目的、合作方式以及合作的特殊环境等审时度势地制定。

第三篇

协同中知识产权风险的控制机制与管理对策

理论研究的出发点与归宿在于指导管理实践。在前文实证验证知识产权风险对协同创新形成及协同创新绩效的影响关系基础上，本部分重点关注协同创新知识产权风险的控制机制与管理对策研究。知识产权风险控制机制研究按照协同创新的生命周期阶段开展，在形成期着重选择优质的合作伙伴、强化契约控制与快速信任的调节作用，在运行期分析了协同合作的委托—代理关系本质并提出通过主动知识外溢策略、强化合作意识等促进知识共享，最后在协同创新组织运行结束阶段探析了协同的利益分配机制。管理对策从政府、创新组织和企业三个层面提出了相应的防范措施。

第七章

协同创新组织合作成员甄选机制

协同创新的宗旨在于利用合作成员的资源与能力达成自身目标，Denisa Mindruta、Mahka Moeen 和 Rajshree Agarwal（2016）以生物制药行业为例，通过实证研究表明企业的规模与研究能力是选择协同合作伙伴的主要指标。[1] Goce Andrevski 和 Daniel J. Brass（2016）从竞争动力学的视角阐明机会识别能力、机会发展能力与行动执行能力应该是合作成员必须具备的几种基本能力。[2] 协同创新组织绩效的好坏，很大程度上取决于在多样化的成员中选择高质量的参与者。

第一节 协同创新组织合作成员的多样性

在协同创新组织准备成立时，由于解决的是个体组织无法自身完成的创新目标，创新成果往往会居于行业发展

---

[1] Denisa Mindruta, Mahka Moeen, and Rajshree Agarwal, "A Two-Sided Matching Approach for Partner Selection and Assessing Complementarities in Partners' Attributes in Inter-Firm Alliances", *Strategic Management Journal*, Vol. 37, 2016.

[2] Goce Andrevski, Daniel J. Brass, "Alliance Portfolio Configurations and Competitive Action Frequency", *Journal of Management*, Vol. 42, No. 4, 2016.

的前沿，所以必然吸引众多的研发机构、各类企业等的积极参与。多样化的合作成员会带来丰富的创新资源、活跃的创新氛围、多样化的思维模式以及广阔的市场资源等。但太多成员的加入，也会带来组织管理幅度的扩大、各类文化冲突的加剧以及运行磨合成本的增加，会导致协同创新组织稳定性的下降。如何在众多的成员中建立选择标准、组合互补性创新组织，成为组织要考虑的第一要务。

一 成员的资源多样性

(一) 资源多样性与组织创新性

成员们为了共同的利益和目标而进行合作，形成多主体参与的组织体，组织在创立之初会吸收来自不同成员的各类资源，而这些成员可能来自不同的专业领域，为组织提供了不同的技术类型和知识专利等资源。在成员的共同目标明确的前提下，成员会主动积极推进组织的发展壮大，但成员之间会存在自身的特性和能力，这种差异是客观存在且不可否认的，而这种不均等的能力也是组织调整内外关系的重要保障，成员能够从自身领域提出解决问题的角度，并结合组织内丰富的多样化资源找到合理的应对措施。此外，成员可以利用组织的平台熟悉彼此不同的能力，优化组织内的资源配置，降低组织创新的难度。组织拥有的资源多样性越丰富，组织的创新性越能被激发出来，在组织创新性的推进中起到了重要作用。

(二) 资源多样性与组织稳定性

在竞争激烈的经济环境中，协同创新组织同样面临着更高层面、更大规模的其他联合组织的挑战，因此，在组建时，会选择拥有不同类型资源的成员进行多方的合作与知识的共享，以形成资源的竞争优势，保持组织的稳定性水平。

此时组织会根据不同成员的知识资源状况和能力水平，倾向于选择各自资源差别较大的企业进行合作。同时，互补性资源也促使各个成员的合作意愿更加强烈，并积极汲取其他成员的先进经验及多种能力，应用于自身的建设中从而使得其在应对各种问题时更加有经验。各个成员在共享和学习中，既提升了自我创新能力，同时也优化了整个创新组织的资源结构、提升了创新活力。

二 成员的社会多样性

（一）社会多样性与组织创新性

成员的社会多样性表现在自身经营方式的多样性和所处市场环境的多样性两方面。从成员经营方式多样性的角度看，是指成员为满足市场的多种需求而采取的一系列策略，包括产权结构的组成、组织架构的设立、经营思想的确立、运营流程的固化、市场策略的特色以及企业文化的积淀等。不同经营方式的成员进入到协同创新组织中，都会面临与其他成员企业的冲撞、协调与逐步的融合，同时还要逐步形成组织需要的合作型的新运行机制。一方面，这种差异会带来一定的冲突，但基于学习与合作的框架下的多数成员更能看到彼此机制运行现代、管理效率高效、文化凝聚强大、市场策略有效等积极的方面，并竭力希望引进和融入自身的企业，同时打造合作组织的最优经营方式与运行机制，从而对组织的整体创新起到积极的推动作用。

从成员所处市场环境的多样性来看，各个企业均处在动态变化的环境中，这种不确定的外界环境因素会促使企业不断更新自己的应对策略，不断探索并提出创新的想法，促进技术的变革和有效利用。来自不同市场环境的成员走到一起，面向多市场环境的经验更加丰富，即便遇到更为复杂的外部环境和市场需求的挑战，也会凭借对市场的深度感悟与理解，有针对性地进行任务调整和技术改进，从而增进组织整体的创新性。

(二) 社会多样性与组织稳定性

从经营方式多样性的角度看，基于创新任务引领下的知识创造、技术开发、工艺改进等工作，会得益于不同企业的通力合作。但随着协同创新组织进入正轨运行期，需要各个成员改变其原有的工作习惯、操作流程、企业文化等时，成员企业的参与人员因为创新合作的短期性、行为改变的困难、还会回归原有企业的必然性等原因，而不愿意进行较大的调整。此时，必然会出现管理难度的加大、工作效率的下降、人员的矛盾、流程的迟滞等情况，导致创新组织的稳定性受到影响。

从成员的环境多样性来看，各个成员所处的环境中，外部政策的支持或干预度不同，营商氛围不同，资金、人才、资源的获得难易程度不同，从而导致企业在与环境互动中形成的核心资源、主导理念、互动模式等的不同。带着这些不同进入到一个需要快速融合、通力合作的共同组织中，必然带来巨大的差异和一定的冲突，对组织快速、健康、稳定的运行产生影响。

三 成员的空间多样性

(一) 空间多样性与组织创新性

空间距离多样性是空间多样性的一个重要组成部分，空间距离的长短对组织的创新性有重要的影响作用。虽然互联网的发达可以创造虚拟工作环境，但人员面对面的互动带来的信任、合作和创意，是网络环境所难以企及的。当协同创新组织难以在本地实现最佳的资源优化整合时，会选择跨区域合作。此时，大多数组织会本着距离就近、交通便利、成员聚集、成本最低等原则进行筛选。在其他条件一定时，空间距离越近，越有利于成员的充分沟通，有利于组织的合作创新；反之会增加沟通的障碍，不利于快速创新。

(二) 空间多样性与组织稳定性

由于空间距离的加大、空间方位的多样性、地域环境的复杂性会阻碍协同创新组织成员之间的有效沟通，导致成员无法快速获取所需的知识、技术等资源，不能有效地进行知识的整合和组织结构的合理调节，不利于成员企业以及整体组织提高创新水平。由于企业本身能获得的资源是有限的，而外部资源需要经过一系列的过程才能为企业所用，空间距离的多样性越丰富，伴随的潜在冗余资源越多，知识的吸收时间会延长并且加大使用难度，加重企业的创新负担。为了节省时间成本和生产成本的费用，企业会有强烈的愿望采用简单的空间形式，寻找邻近企业与之进行有效、直接的交流方式，更易建立信任感和依赖感，保持稳固长久的战略合作关系，而空间距离较近的优势作用就显现出来，容易获得有价值的外部资源且快速解决企业的燃眉之急。因此，较远的距离、复杂的空间布局降低了协同创新组织的稳定性。

四　成员多样性的选择

协同创新组织既要保障组织整体运行的稳定性，更要完成合作创新的共同目标，但成员的多样性特征可能给这两个目标带来两难选择。首先，选择资源多样性的合作成员，资源互补需求是推动成员积极参与、保障创新组织目标达成的基础条件。其次，经营方式与经营环境的多样性带来了差异化的思想、机制、模式和文化，在一定程度上有利于激发组织的创新性，但影响组织整体运行的稳定性。建议在选择中进行适度控制，选择经营理念、管理体制、企业文化等相似或相近的成员，更容易快速融合、稳健合作、高效创新。最后，空间距离多样性的选择，多数情况下是组织选择成员的无奈之举，是近距离难以满足需求后的扩展搜索，或者是成本约束条件下的远距离合作。因此，协同创新组织的成员选择，无论是从组织运行的稳定性根本要求来看，还是从追求创新性的重要程度来看，都应本着由近及远、由简单到复杂的顺序选择跨区域合作成员。

第二节　协同创新组织合作成员甄选模型

协同创新组织除了考虑成员多样性带来的选择之外，还要考虑筛选的成员企业是否真正具有合作所需的资源、合作动机以及诚信情况。因为协同创新组织是建立在共享成员企业各自贡献的知识产权基础上的，由于各方的信息不对称，不可避免地会发生资源描述不符合实际、合作意愿不真实、侵犯合作方核心技术等现象，特别是当企业的关键技术遭到挪用与仿制时，企业就会遭遇重大的知识产权风险，丧失核心竞争优势。这往往是基于合作成员投入知识产权的信息不对称引发的逆向选择行为。所以从协同创新合作成员甄别中的逆向选择这一视角入手，寻找高质量的成员参与合作而低质量的成员退出合作这一完全成功型合作协同的均衡结果，分析其产生条件、影响参数及参数之间的相互关系，则成为化解风险的关键所在。

假设组织 A 为协同创新的发起者，物色成员的掌控者和部署任务的领导者，探寻到一项预计经济价值为 V 的商业信息，但却缺乏利用这个商业机会的核心知识资源。[①] 如果自己单打独斗，则成功的可能性为 P_1。组织 B 恰好控制此项资源但却没有发挥此项知识产权价值的配套资源与能力，所以，这两家企业都无法采用单体研发的方式来实现价值最大化，只有选择联合创新来实现各自的目标。A 若选择与 B 开展以创新为目的的协同合作，则会构成核心成员 A 为委托人、创新合作伙伴 B 为代理人的委托代理关系。由于 A 难以轻易判断 B 的创新能力高低，可以用其所拥有的核心技术的质量水平来表示，可设为 θ，用以反映 B 的类型，取值范围为 {高，低}，在取值上是不连续的，概率分别为 P 和 $1-P$（其中，$0 \leq P \leq 1$）。当合作成员 B 掩饰自己的类型时，逆向选择的风险就会产生。核心成员 A 则需要认真识别和判断其真实能力，从而确保吸收高质量伙伴进入协同创新合作中。

[①] 张克英、黄瑞华：《伙伴机会主义行为引发的知识产权风险分析》，《科学学研究》2007 年第 4 期。

B 的类型直接决定其实现协同创新目标的概率。基于此，设高质量核心技术水平为 P_{11}，低质量核心技术水平为 P_{21}。A 若共享了伙伴的核心技术，其创新能力提高，创新成功概率在获得高质量核心技术时为 P_{12}，在获得低质量核心技术时为 P_{22}（$0 \leqslant P_{12}$，P_{22}，$P_1 \leqslant 1$，且 $P_{12} > P_{22} > P_1$）。

为了便于探讨，仅假设合作伙伴的类型为私人信息，公共信息主要包括类型取值范围及概率分布、创新成功的概率、创新目标价值和核心技术许可收益等，且 A 与 B 的风险偏好都是中性的，可以用各自的协同创新收益函数来替代效用函数。反过来，如果双方未选择合作，A 进行单独创新可获得 P_1V 的收益，高质量水平伙伴 B 的许可使用收益为 I_1，低质量水平伙伴 B 的许可使用收益为 I_2。协同创新时，由于 A 掌握了关键的技术而使创新成功概率提高，同时 B 的研发能力也投入到合作中，那么协同创新成功的概率为这两类概率的并集。当 B 的类型为高质量时，协同创新的成功概率为：（$P_3 = P_{11} + P_{12} - P_{11} \times P_{12}$），$A$ 的收益为 P_3V；当 B 的类型为低质量时，协同创新成功概率为：$P_4 = P_{11} + P_{12} - P_{11} \times P_{12}$，$A$ 的收益为 P_4V（其中 P_{11} 与 P_{12}、P_{21} 与 P_{22} 相互独立）。

协同创新方式下，B 的收益包括两个方面：一方面是从 A 处得到 $0 < \alpha < 1$ 比例的参加协同创新的新收益，再就是得到由于知识共享而带来的收益，可以称为共享收益。

假设 B 类型为高质量伙伴时，其共享收益为 β_1，低质量伙伴时，其共享收益为 β_2，并且低质量水平成员，其知识吸收能力明显小于高质量水平的成员，即 $\beta_2 > \beta_1$。而且，由于核心成员 A 会根据合作伙伴的质量水平来确立一个分配系数，导致低质量成员有着强大的动机假装成为高质量成员，设定伪装成本为 C。由此，伙伴类型为高质量时，A 的利润为：$P_3V - \alpha V$，B 的利润为：$\alpha V + \beta_1$。伙伴类型为低质量时，A 的利润为：$P_4V - \alpha V$，B 的利润为 $\alpha V + \beta_2 - C$。此问题的博弈模型扩展见图 7.1 所示。

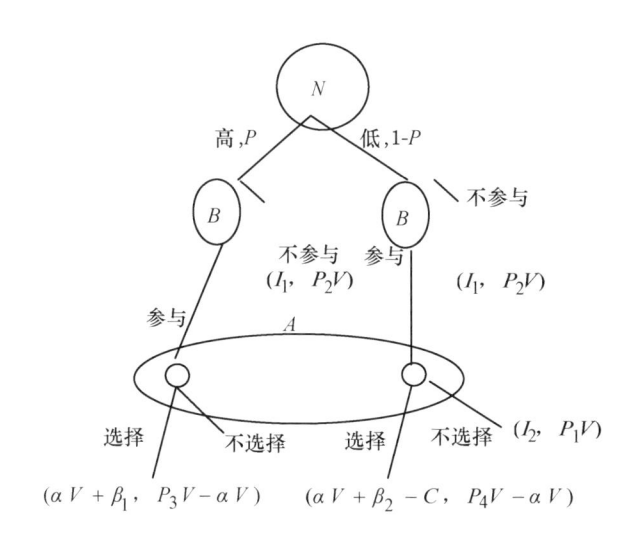

图 7.1　逆向选择问题扩展模型示意

第三节　创新合作伙伴甄选机制

本节运用博弈论工具对知识产权合作伙伴博弈模型进行均衡求解，并尝试在此基础上建构合理的合作伙伴甄选机制。

一　合作伙伴甄选博弈均衡

根据博弈论，上面构建的创新合作伙伴甄选模型是基于不完美信息的动态博弈，"完美贝叶斯均衡"是其均衡策略的最优解，运用序列理性假设与贝叶斯法则，通过逆推归纳法可以得到解决问题的均衡策略组合。①

首先,第三阶段的策略选择:核心成员 A 的策略。前提是需要确定合作伙伴的两种质量状态概率,即条件概率 p (g/p) 和 p (b/p),分别代表合作伙伴参与协同创新前提下的高质量伙伴、低质量伙伴概率,且 p (g/p) $= 1 - p$ (b/p)。在协同创新合作中,高质量伙伴获得的收益要大于低质量成员的协同创新收益,因此,若备选成员中的高质量伙伴越多,也即分布概率越大,那么选择协同创新的高质量伙伴也就越多,从而核心成员作为选择者,其估计的条件概率 p (g/p) 则会越大。② 由此,被选者的类型分布客观概率决定了选择者的后验概率。可以设 p (g/p) $= P$,选择者参与协同创新的得益为 $(P_3V - \alpha V) \times P + (1 - P) \times (P_4V - \alpha V)$,而个体创新时收益为 P_1V。因此,当 $(P_3V - \alpha V) \times P + (1 - P) \times (P_4V - \alpha V) > P_1V$ 时,核心成员作为选择者的第三阶段策略为协同创新,否则为独立创新。

其次,第二阶段的策略选择:合作伙伴 B 的策略。假设 B 为高质量合作伙伴,当不等式 $\alpha V + \beta_1 > I_1$ 成立时,B 自然就会选择参与协同创新组织,反之则相反;当 B 为低质量伙伴时,在满足 $\alpha V + \beta_2 - C > I_2$ 的条件下,该阶段的策略为参与,否则,选择不参与。

因此,要形成完全成功型的协同创新,则要求核心成员 A 在第三阶段愿意组建创新组织,同时高质量成员愿意

---

① 黄瑞华、祁红梅、彭晓春:《基于合作创新的知识产权共享伙伴选择模型》,《科学学与科学技术管理》2004 年第 11 期。
② 韩晓琳、张庆普:《企业间知识创造利益分配的合作博弈分析》,《技术进步与对策》2011 年第 8 期。

在第二阶段选择参与合作策略,并且低质量成员不参与到协同创新组织中,即满足下列不等式组(Ⅰ):

$$(\text{Ⅰ})\begin{cases}(P_3V-\alpha V)\times P+(1-P)\times(P_4V-\alpha V)>P_1V\\ \alpha V+\beta_1>I_1\\ \alpha V+\beta_2-C<I_2\end{cases}$$

由上述分析得知,本研究模型的信息结构不是不完全,而是不完美动态型,因此在第二阶段的低质量成员不参与时,核心成员的第三阶段判断 $P(g/p)=1$,相应地,$P(b/p)=0$。由此不等式组(Ⅰ)简化为(Ⅱ):

$$(\text{Ⅱ})\begin{cases}P_3V-\alpha V>P_1V\\ \alpha V+\beta_1>I_1\\ \alpha V+\beta_2-C<I_2\end{cases}$$

上述不等式组(Ⅱ)中,伙伴参与协同创新的收益 α 为变量,须满足 $0<\alpha<1$,其他的为既定参数,考虑到 α 将此条件添加,分别求解后得不等式组(Ⅲ):

$$(\text{Ⅲ})\begin{cases}\alpha<P_3-P_1\\ \alpha>(I_1-\beta_1)/V\\ \alpha<(I_2+C-\beta_2)/V\\ 0<\alpha<1\end{cases}$$

若不等式组(Ⅲ)存在有效解,则必然是核心成员找到了高质量水平的合作伙伴,并与之组建协同创新,而低质量的成员选择不参与,此时形成的合作创新是最高质量的,这就要求不等式组(Ⅲ)有解。

对于协同创新收益的分成系数,选择者是可以自由选择的,因此若想形成完全成功型的协同创新,则必须满足如下的不等式组(Ⅳ)的条件:

$$(\text{IV}) \begin{cases} P_3 - P_1 > 0 \\ (I_2 + C - \beta_2)/V > 0 \\ (I_1 - \beta_1)/V < 1 \\ K_1 < K_2 \end{cases}$$

其中，$k_1 = \max\{0, (I_1 - \beta_1)/V\}$，$k_2 = \min\{(P_3 - P_1), 1, (I_2 + C - \beta_2)/V\}$。满足此条件下，收益分成系数的取值为：$k_1 < \alpha < k_2$。核心成员可以和高质量伙伴在一定选择范围通过协商来确定收益分成系数。

因此，完全成功型伙伴协同的出现与创新项目的共享收益 β、预期收益值 V、伪装成本 C、创新能力 P_3 和 P_1 相关。所以，可继续讨论这些参数与完全成功型伙伴协同创新间的关系。

二 创新合作伙伴甄选机制之一：伙伴类型的影响

核心成员若要构建完全成功的协同创新，则合作成员的类型需满足如下不等式组（V）：

$$(\text{V}) \begin{cases} P_3 - P_1 > 0 \\ P_3 - P_1 > k_1 \end{cases}$$

若 B 的类型分布和内涵能够满足不等式组（V），那么完全成功型伙伴协同创新就能顺理成章地形成。有三种组合情况可满足上述不等式组：

（1）第一种组合：$(I_1 - \beta_1)/V < 0$ 且 $P_3 - P_1 > 1$。$P_3 > P_1$，但 P_1、P_3 的取值范围是 $(0, 1)$，因此，该组合不成立。

（2）第二种组合：$(I_1 - \beta_1)/V < 0$ 且 $0 < P_3 - P_1 < 1$。由于 $V > 0$，所以高质量伙伴参与合作创新后其共享收益值 β_1 比不参与合作创新方式的预留收益 I_1 大，核心成员与高质量成员协同创新的成功率提高。

在协同创新伙伴选择实践中，若高质量的创新伙伴不能运用自身的知识产权通过市场交易获得高收益，它就会选择参与合作创新来获取共享收益，并且当共享收益大于市场交易的收益时，合作创新伙伴就会主动参与合作创新；一旦高质量的企业加入合作创新，那么创新组织整体创新能力就会超过单体的创新能力。在完全成功型合作方式下，创新能力得到提高的影响因素有：一方面是合作伙伴的技术质量水平，另一方面是伙伴的学习悟性与吸收能力。当合作伙伴的知识产权质量的水平很高，并且选择者的吸收能力也很强，此时协同创新的能力就很强，自然就能实现完全成功型伙伴合作。

由此，如果合作创新能够构建顺畅、完全的技术共享机制，并且高质量伙伴的创新能力得以提高，并能够获得足够大的共享收益，那么形成完全成功型伙伴合作关系就成为必然。所以，为了打造完全成功型的合作创新，最大化合作创新收益，核心成员一方面要深入了解协同创新组织成员的创新能力与知识产权质量，另一方面还要提升自己的学习能力与吸收能力。

（3）第三种组合：$0 < (I_1 - \beta_1)/V < P_3 - P_1 < 1$。从这个组合中可以得到两个结论：当高质量伙伴参与协同创新的机会成本 I_1 大于参与协同创新的共享收益时，为了争取到高质量的合作伙伴，核心成员必须给予一定的分成来加大激励，且收益分成系数需满足：$(I_1 - \beta_1)/V < \alpha < k_2$。此外若核心成员一旦决定与高质量成员进行协同创新后，共同创新能力的提高程度需满足 $P_3 - P_1 > (I_1 - \beta_1)/V$。

但协同创新能力必须提高到一定的程度是有条件的，

如果协同创新的共享收益不够大，高质量的伙伴可能会选择通过市场机制来获得更大的收益，此时核心成员必须给予高质量成员足够高的收益分成，所以协同创新能力提高程度则必须越大，即 P_3 越要大于 P_1。在第二种组合的讨论中可以发现，完全型协同伙伴必须满足两个条件：伙伴拥有高质量的知识产权，核心成员拥有足够强的自身吸收和学习能力。但如果其他条件不变，当高质量成员知识产权质量越高的时候，就能获得更高的协同创新收益，因此协同创新的能力也必须大幅提高，而前提是核心成员的吸收能力与学习能力必须高。所以当收益分成能够补偿高质量伙伴参与协同创新的机会成本时，为了完全成功型伙伴合作组织的形成，整体组织创新能力的提高须满足最低要求，即 $P_3 - P_1 > (I_1 - \beta_1)/V$，并且，随着高质量成员的知识产权质量的提高，核心成员的学习和吸收能力也需要提高。

三　创新合作伙伴甄选机制之二：共享收益与伪装成本

从完全成功型伙伴协同创新产生的要求来看，共享收益、创新目标价值、伪装成本同时需要满足如下条件，即不等式组（Ⅵ）：

$$(\text{Ⅵ}) \begin{cases} (I_2 + C - \beta_2)/V > 0 \\ (I_1 - \beta_1)/V < 1 \\ k_1 < k_2 \end{cases}$$

存在下面四种组合方式，保证上述不等式组成立，即：

（1）$(I_1 - \beta_1)/V < 0$ 和 $(I_2 + C - \beta_2)/V > 1$，且 $0 < \alpha < (P_3 - P_1)$

（2）$(I_1 - \beta_1)/V < 0$ 和 $(I_2 + C - \beta_2)/V < 1$，且 $0 <$

$\alpha < k_2$

(3) $0 < (I_1 - \beta_1)/V < (I_2 + C - \beta_2)/V < 1$，且 $(I_1 - \beta_1)/V < \alpha < k_2$

(4) $0 < (I_1 - \beta_1)/V < 1 < (I_2 + C - \beta_2)/V$，且 $(I_1 - \beta_1)/V < \alpha < (P_3 - P_1)$

组合（1）和组合（4）：这两个组合都要求 $(I_2 + C - \beta_2)/V > 1$，也就是 $I_2 + C - \beta_2 > V$，即协同创新的预期价值会小于低质量伙伴参与协同创新的净成本。一般情况下，核心成员会评估所有的创新机会，并选择预期价值大的机会，而且远远大于低质量伙伴的许可收益和共享收益之和。所以，要满足不等式 $(I_2 + C - \beta_2)/V > 1$，低质量合作伙伴必须付出巨大的伪装成本，而且协同创新最终获得的价值越大，合作伙伴就越愿意伪装。但在协同创新的实际运行中，伪装成本不会发生任意大的情况，因为会受到低质量伙伴、核心成员以及其他相关因素的影响。因此，当协同创新目标预期价值非常大的时候，$(I_2 + C - \beta_2)/V > 1$ 不能够满足，组合（1）和组合（4）不成立。

组合（2）：$(I_1 - \beta_1)/V < 0$ 和 $(I_2 + C - \beta_2)/V < 1$，同时 $0 < \alpha < k_2$。表明高质量协同创新组织成员可以通过高份额的共享收益来弥补选择的机会成本；而低质量协同伙伴若要强行参与协同的话，则必然要进行各种伪装，使得自身的净收益为负，即低质量伙伴的许可收益会比参加到协同创新中所获得的收益更大。

一般情况下，高质量协同伙伴能够从合作创新中获得两个方面的共享收益：一是高质量伙伴能够获得其他合作者的核心技术，从而改进和完善自己的技术、产品等，并获得进一步的经营收益。共享技术的含量、高质量伙伴的吸收与学习能力是决定该收益大小的直接因素，而共享的技术是否有较高的质量，则取决于核心成员和其他的合作伙伴。如果其他的合作伙伴都讲信用，保质保量地投入知识产权，再依靠核心成员建立共享平台，则高质量伙伴预期的共享收益就更大。二是在合作中自身核心技术的损失，可能受到以下方面的影响：其他合作者的吸收和学习能力、高质量伙伴保护其自有知识产权的程度、知识共享平台的效率。

协同创新运行中，为了共享各方的资源和技术，核心成员会建立共享平台，从而对高质量伙伴的共享收益产生两方面的影响：一方面，其共享收益会提高很多；另一方面，其损失也会快速扩大。因此核心成员的最佳选择是将合作伙伴都选择为高质量型，并促进大家之间的交流合作，从而使每个合作者得到共享技术数量和质量的保障，确保共享获得收益大于共享损失，并使机会成本得以弥补。由此，高质量伙伴可通过共享收益 β_1 进行弥补，且 $0<\alpha<k_2$，所以核心成员如果能够提高知识共享机制，则可以在一定范围内给予高质量伙伴以较小的收益分成 α。

组合（3）：$0<(I_1-\beta_1)/V<(I_2+C-\beta_2)/V<1$，同时 $(I_1-\beta_1)/V<\alpha<k_2$。当其他参数一定的情况下（即 $P_3-P_1>0$ 满足），由于 $V>0$，该组合可变换为 $0<(I_1-\beta_1)<(I_2+C-\beta_2)<V$，同时 $(I_1-\beta_1)/V<\alpha<k_2$，满足完全成功型伙伴协同的形成条件。由此可见只要协同伙伴的类型分布以及内涵确定，协同创新的目标价值 V 就会更大，于是，完全成功型协同创新就越能出现。因此，在协同创新的形成阶段，核心成员需要投入相当的精力、时

间等来识别并科学评估外部的市场机会，尽可能设置并完善系统化的评价指标，以便提炼发掘具有高价值的协同创新机会与商机。

第四节　研究结论

协同创新合作伙伴的选择由于信息不对称的存在，而容易引发逆向选择，导致高质量的伙伴退出市场。运用动态博弈理论将伙伴选择问题模型化，然后逆向求解，获得完全成功型协同形成的条件，现简单总结如下。

（1）若其他参数不变，完全成功型伙伴协同能否形成，直接取决于协同创新的预期价值 V 及伙伴的类型分布。如果预期价值大且伙伴类型分布广，则高质量伙伴就会与核心成员一道打造协同创新组织。

（2）能否最大程度降低逆向选择的风险，能否成功组建协同创新，受到如下三个因素的影响：协同创新能力是否能够提高、是否存在高效合理的知识分享与信息交流机制、高质量伙伴的共享收益是否能够大于预留收益。当然，核心成员若能提升自己的学习和吸收能力，也必然会得到较高的创新收益。

（3）为促成完全成功型伙伴协同创新的出现，如果高质量成员参加协同创新的机会成本必须通过收益分成才能得以补偿时，整体组织的创新能力提高必须满足最低要求。而在其他条件不变时，高质量成员拥有的技术质量、核心成员的学习能力等与创新能力的提高呈正向关系。

（4）对于如何激励高质量成员参加到协同创新中，其中建立高品质的技术共享平台是有效手段。由于技术共享具有双向性，因此提高整体合作伙伴的质量，并促成各个成员之间的技术交流和共享成为必需。

第八章

协同创新组织形成阶段知识产权风险控制机制

由前面的理论研究可知,知识产权风险可发生于协同创新组织生命周期的各个阶段。于是,若能在协同创新组织的形成阶段就采取措施预防知识产权风险的发生,那么就会在很大程度上弱化知识产权风险对协同创新绩效的负面影响。文献检索表明契约控制与快速信任对于知识产权风险有很大的影响,因此探寻契约控制与快速信任对于知识产权风险的影响机理成为必需。

第一节 协同创新中的契约控制

协同创新本质上是一种契约,这种契约旨在约束规范组织、群体或个人的行为,但由于个体或组织的有限理性,契约始终充满着不确定性。因此,为了提高协同创新的形成质量与形成效率,就必须首先降低知识产权风险,可以采取的手段就是合作多方共同协商以确定并完善各种合作契约。

一　协同创新中契约控制的内涵

任何的管理活动都需要有效的控制，或者说控制是管理的四大职能之一，对于管理效果的达成来说至关重要。国内外有的学者将控制界定为：为了确保达到管理的计划、标准或目标，经过精心设计的一系列控制程序、方法与手段。Leifer 和 Mill（1996）认为控制是一个限制过程，通过这个过程可以使系统要素为追求期望目标而制定的标准变得具有可预测性。[1] Das 和 Teng（1998）认为控制的宗旨就是设定一些限制框架，为组织目标的实现保驾护航。[2] 为了确保组织行为规范化、常态化，管理层一般会采取多样化的手段来约束企业的学习、创新等行为。但有的学者也持不同的观点，认为控制的本质是调节与疏导，为了能够预测系统及系统各个要素的功能与绩效，必须建立一套可操作的标准体系，确保顺势达成组织的预期目标。Das 和 Teng（2001）将联盟控制定义为联盟为了达到创新目标而进行调节和监督的过程。[3] 因此，建立一个有效的控制机制对协同创新组织的形成、运营、发展具有重要的作用。

契约控制对于协同创新的健康运转意义重大，主要表现为如下几个方面：

---

[1] Leifer, R., Mills P. K., "An Information Processing Approach for Deciding Upon Control Strategies and Reducing Control Loss in Emerging Organizations", *Journal of Management*, Nol. 22, 1996.

[2] Das, T. K., Bing-Sheng Teng, "Resource and Risk Management in the Strategic Alliances Making Process", *Journal of Management*, Vol. 24, 1998.

[3] Das, T. K., Teng, B. S., "Trust, Control, and Risk in Strategic Alliances: An Integrated Framework", *Organization Studies*, Vol. 22, No. 2, 2001.

(一) 防范成员投机行为

根据交易成本理论,协同创新中各个企业所拥有的资源都是高度专有的,因此机会主义行为与现象则不可避免,故协同成员都要承担不同程度的风险,面对收益的损失。[1] Nooteboom (1996) 的研究主要考虑各个合作创新组织成员的目标差异,不能形成统一的认知,而形成的风险。[2] 而 Jap 和 Ganesan (2000) 通过剖析企业之间的营销合作创新后发现,为了化解供货商与代理销售商之间由于资产专有性而诱发的机会主义行为,企业必须设计一套行之有效的控制系统。[3] 正是由于控制方式与机会主义风险的关系,所以在具体控制方式上往往侧重契约控制、监督机制。

(二) 降低整体协调成本

随着合作创新研究的推进,很多的国内外学者逐渐将研究的焦点转移到了协调成本的控制方面。Artz 和 Brush (2000) 比较探讨了不同的控制模式下,控制成本的不同构成以及影响因素。[4] 也有学者运用实证研究的方法证实了合作关系中协作成本与交易成本是并存的,因此如何降低合作成本也成了核心问题之一。

---

[1] [美] 迈克尔·迪屈奇:《交易成本经济学——关于公司的新的经济意义》,王铁生译,经济科学出版社1999年版。

[2] B. Nooteboom, "Trust, Opportunism, and Governance: A Process and Control Model", *Organization Studies*, Vol. 17, No. 6, 1996.

[3] Jap, Sandy D., Ganesan, Shankar, "Control Mechanisms and the Relationship Life Cycle: Implications for Safeguarding Specific Investments and Developing Commitment", *Journal of Marketing Research*, Vol. 37, No. 2, May 2000.

[4] T. H. Brush, K. W. Artz, "Asset Specificity, Uncertainty and Relational Norms: An Example of Coordination Costs in Collaborative Strategic Alliances", *Journal of Economic Behavior & Organization*, Vol. 41, No. 4.

(三) 整体价值创造最大

尽管不同类型的协同创新在控制方面的目标截然不同，但控制的焦点不外乎都是成本与风险。然而，还有学者认为协同创新之所以成为一种极为有价值的组织形态，是因为企业通过构建协同创新可以创造更大的价值，为企业带来新的价值、机会与核心竞争优势，所以协同创新应该是价值创造导向的而非成本控制导向的。有学者经过实证分析后发现控制方式对于协同创新中价值的创造与传播的效果是高度相关的。此外，企业之间的协同合作能够有效促进组织的学习功能的发挥，并且合作中的冲突解决机制非常有益于合作组织的价值创造与技术创新。

协同创新中的控制形式是多元化的，可以根据实际情况采取如下控制措施：合同规范、组织安排、管理结构、非正式机制等。有的学者将合作创新中的控制维度划分为契约控制、股权控制及管理控制。契约控制是指运用详细的合同、程序政策明确地规定合作成员的权利与义务，以保障协同目标的实现；股权控制则是通过股份所有权来控制合作行为和结果；管理控制是通过严格的监督、频繁的沟通机制来保证合作正常有效地运行，实现创新组织控制的目的。根据控制对象的不同，学者们一致认为可将控制分为控制组织成员与控制组织自身；另外，还有学者认为控制的手段可以分为正式控制与非正式控制，即契约控制与社会控制。正式控制主要利用外部力量监督，而非正式控制则依靠内在的价值控制。而且正式控制一般运用强制性的手段与刚性的制度，来防止背离组织目标的行为发生，从而确保组织目标的实现，可以采用的手段有规章制度、程序、规则和目标。非正式控制（社会控制）则是相对比较柔性而灵活的，主要是鼓励而非约束，可采用的手段包括组织价值观、文化、惯例等。换句话说，这种控制模式主要依赖改造组织成员的个人价值行为取向，来使其自觉服从组织的安排，确保组织目标的实现。在具体的创新实践中，契约控制实际上是一种协调、监督合作成员的标准与依据，相对比较注重控制的经济属性。在协同创新过程中，可以通过详细的契约、规范来厘清每个创新组织成员的责任、权利与义务，避免机会主义行为的产生。而社会控制则是运用关系、信任、共同的价值观等"润物细无声"的方式来减少摩擦，实现协同创新组织的高效运行。

Das 和 Teng（2001）在研究战略联盟时指出，风险控制一般可采取两种手段：控制与信任，并进一步将控制设计为社会控制与权力控制，其中的权力控制主要运用严格的目标、程序化的规则等手段约束成员的自主性决策和创新行为，甚至会使成员之间相互猜疑，破坏相互之间珍贵的信任；但社会控制的导向则恰好相反，注重采用共同的组织文化与差异化的价值观来弱化刚性控制，以培育相互的信任。[①] 国内的一些学者发现控制与信任之间的关系并没有那么简单，无论采取社会控制抑或权力控制，重点要关注的是控制程度。也有学者提出行为控制和结果控制两种类型，认为结果控制与协同创新绩效相关，而行为控制则与创新风险相关。而后来的研究表明：这样的划分过于武断，缺乏科学依据，在实践中往往无法这么清晰地划分，

---

① Das, T. K., Teng, B. S., "Trust, Control, and Risk in Strategic Alliances: An Integrated Framework", *Organization Studies*, Vol. 22, No. 2, 2001.

即使可以也是主观的。

由以上分析可以看出，社会控制与本书中的快速信任的性质很相似；同时，从运作制度方面来看，技术协同创新组织一般不具备独立的法人资格，都是基于具体的契约而临时构建的，可以通过相应的契约来明确各个成员的权利与义务，从而实现创新组织的高效、顺畅进行。再者，企业中的权利控制往往是通过契约安排来实现的，所以关于合作创新中控制的研究，大多集中在"契约控制"方面。

在协同创新中，正式契约是控制创新组织成员行为的重要途径。本研究所指的契约均指各个成员之间共同签订的平等书面协议，表现形式有程序、条款、标准与规则等，通过这些协议，各成员对各自的权利与义务了然于心，也可以清楚地知道自己应当承担的责任与该得到的利益，并且明确了控制的范围、违规惩罚等，并清晰规定了利益分配方式、未来突发情况的处理等。

二 协同创新中契约控制的调节作用

协同创新是高风险、不稳定的组织机构。协同创新组织成员之间共享资源和信息是必然的，但由于协同创新本身的固有特性，如成员水平不整齐、相互之间不信任及频发的机会主义行为等，使得协同创新难逃失败的命运。但 Kim Langfield-Smith（2008）认为"可以通过管理结构、产出控制、行为控制以及社会控制等手段来降低关系风险与绩效风险"[①]。所以在协同创新的形成阶段就强化契约控制，可有效预防知识产权风险。运用契约控制，能够详细而全面地规定各个成员的权利与义务，同时指出若有成员试图破坏协同创新，其他成员有权利保护自身的权益，这有利于协同创新组织高效、高质的形成。Das 和 Teng (2001) 认为控制应当是积极的、主动的，目的在于通过相应的方法与手段促使合作者形成一种低的风险意识。[②] 但也有人认为控制与创新绩效存在反向关联，比如威廉姆森教授就从交易成本角度分析了合作中的风险，认为严格的契约控制并不能完全消除机会主义行为的发生，也就是说只要存在委托代理与竞合关系，机会主义必然存在，所以交易成本就会随之提高。因为市场环境的不确定性及机会主义的存在，协同创新组织一般会通过契约来规范企业的行为，但因为契约总是试图追求更完美的契约，从而过于详细的契约无形中放大了交易成本，导致协同创新的早期中断。

本研究认为契约控制对知识产权风险的影响具有强制性的特征，并且对意识到风险有良好的管理作用。由此提出假设：

随着契约控制的逐步加强，知识产权风险对协同创新组织形成质量的影响将逐步下降。

随着契约控制的逐步加强，知识产权风险对协同创新组织形成效率的影响将逐渐下降。

[①] Kim Langfield-Smith, "The Relations Between Transactional Characteristics Trust and Risk in the Start up Phase of a Collaborative Alliance", *Management Accounting Research*, Vol. 19, No. 4, 2008.

[②] Das, T. K., Teng, B. S., "Trust, Control, and Risk in Strategic Alliances: An Integrated Framework", *Organization Studies*, Vol. 22, No. 2, 2001.

三 契约控制的测量

契约控制需要通过合同等法律文件、内部规章制度等运营文件，以正式的文书或书面文字方式确定，并且契约的实施需要相互的、共同的监督。所以，通过量化契约控制的作用，可以评价成员企业对于合同、契约的重视程度。本研究参考 Dyer 和 Singh[①] 的研究，并进行了归纳和整理，得到了契约控制的量表，见表 8.1。

表 8.1　　　　变量测度——契约控制

最终测量条款
1. 合作中已经建立了明确的解决双方争议和冲突的制度和办法
2. 双方事先拟定的合同的内容对于目前合作很重要
3. 只有当合作细节都通过合同规定之后，双方才可以顺利地合作
4. 总的来说，双方签订的合同是约束对方行为的最有力工具
5. 合作各方的合同越完善、越细致，就越有利于合作关系的建立

第二节　协同创新中的快速信任

协同创新作为一种虚拟组织，里面的每个成员作为独立的法人或民事主体，都有各自的考量与利益，互相之间博弈不断。因此，协同创新之所以能够形成并存在，依赖的是一个组织对其他组织或其他组织所拥有的资源的信任，而且为了降低风险、提高效率，需要各个组织之间快速地

[①] Jeffrey H. Dyer, Harbir Singh, "The Relational View: Cooperative Strategy and Sources of Interorganizational Competitive Advantage", *The Academy of Management Review*, Vol. 23, No. 4, 1998.

建立起相互的信任，这也是协同创新存在的前提基础。

一 协同创新中的快速信任

1996 年，Meyerson，Weick 和 Kramer 认为临时组织的信任必须要快，也就是说成员之间必须快速相互信任，而不能花太多的时间和精力来收集值得信任的证据。[1] 为了挖掘临时组织中独特信任的形成机理，此二人还于 1996 年撰文"Swift Trust and Temporary Group"，首次提出了"快速信任"的概念，并将快速信任做如下界定："某种集体理解和集体关联的特殊形式，可以控制临时组织的不稳定、不确定、风险和预期问题的特殊信任。"这一定义一直沿用至今。这一定义从团队层面将快速信任界定为对组织的一种笼统的期待，强调对整体团队的认知和行动，也就是说个体间人际信任的综合并不等于快速信任，而是必须综合权衡团队的整体特征、组织形式、任务安排等才能建立起来的。而基于人际间的承诺与交往而建立起来的只是普通的信任而已。总之快速信任可以改善临时组织内部的沟通与交流，可以有效降低组织成员之间的机会主义等风险问题。

二 协同创新中快速信任的调节作用

由于协同创新是临时性组织，各个成员之间缺乏深入的了解，在合作中也难以建立类似于企业组织一样的坚固边界和运行机制，仅有的契约控制也难以解决组织成立、运行以及未来解体整个过程中的所有问题，因此，快速信任被吸纳

---

[1] Meyerson, D., Weick, K. E. & Kramer, R. M., "Swift Trust and Temporary Groups", in R. M. Kramer & T. R. Tyler (eds.), *Trust in Organizations: Frontiers of Theory and Research*, Thousand Oaks, CA: Sage, 1996.

到管理机制中,用以解决契约难以涉及的难题。由于快速信任既可以深化合作伙伴之间的协同联动,防范并降低机会主义行为发生的概率,快速推进协同创新的形成,同时还可以促进成员之间的技术共享、降低知识产权流失风险、消除成员的犹豫心理以及投入不完全等问题,所以称为创新组织促进合作建立的法宝之一。由此提出如下假设:

随着快速信任的逐步提高,知识产权风险对协同创新组织形成质量的影响将逐渐下降。

随着快速信任的逐步提高,知识产权风险对协同创新组织形成效率的影响将逐渐下降。

三 快速信任的测量

关于快速信任的研究,时间较短,文献较少。本研究主要参考杨志蓉(2005)关于团队快速信任的研究[1],并进行了归纳和整理,见表8.2。

表8.2　　　　　变量测度——快速信任

最终测量条款
1. 合作各方很快彼此信任(很快感觉到和谐)
2. 合作各方很快有默契,容易沟通
3. 合作各方很快感觉到不需要相互监督
4. 合作各方很快感觉到,在帮助别人之前必须询问清楚状况,以保护自己的利益
5. 合作各方很快相信彼此会配合进度、细心工作

---

[1] 杨志蓉:《团队快速信任、互动行为与团队创造力研究》,博士学位论文,浙江大学,2006年。

第三节 契约控制与快速信任的调节作用检验

契约控制与快速信任对知识产权风险和协同形成质量及效率之间的关系具有调节作用,而这种假设是否成立以及调节作用的强弱将在本部分通过统计指标的判断加以检验。

一 契约控制的调节效应检验

(一)调节知识产权风险与协同创新形成质量的关系

在知识产权风险与协同创新组织的形成质量关系中,契约控制具有显著的调节效应,具体拟合数据如表8.3、表8.4所示。

表8.3　　　　　　　拟合指标

指标	χ^2	df	$\dfrac{\chi^2}{df}$	RMSEA	NNFI	GFI	AGFI	CFI
知识产权风险×契约控制	423.27	185	2.45	0.083	0.89	0.85	0.84	0.92
知识产权风险→形成质量	136.21	43	3.32	0.076	0.92	0.89	0.83	0.94

表8.4　　　　　　　路径系数值

指标	系数	T值
知识产权风险×契约控制	0.23	1.84
知识产权风险→形成质量	-0.17	-1.93

根据表 8.3 的分析结果，所建模型的整体质量很好。表 8.4 既验证了知识产权风险影响了协同创新的形成质量，同时"知识产权风险×契约控制"交互项的 T 值为 1.84（即 p 在 0.1 的水平上），也证实了知识产权风险对协同创新组织形成质量的影响会随着契约控制的加强而得到有效降低。

（二）调节知识产权风险与协同创新形成效率的关系

在知识产权风险与协同创新组织形成效率的关系中，契约控制的调节效应分析如表 8.5、表 8.6 所示。

表 8.5　　　　　　调节效应估计拟合指标

指标	χ^2	df	$\dfrac{\chi^2}{df}$	RMSEA	NNFI	GFI	AGFI	CFI
知识产权风险×契约控制	375.81	162	2.41	0.081	0.92	0.87	0.83	0.92
知识产权风险→形成效率	113.69	36	3.21	0.085	0.94	0.89	0.84	0.96

表 8.6　　　　　　调节效应估计值

指标	系数	T 值
知识产权风险×契约控制	0.03	0.17
知识产权风险→形成效率	-0.23	-2.73

由表 8.5、表 8.6 可以知道，协同创新组织形成效率明显受到知识产权风险的负向影响。但表中的"知识产权风险×契约控制"交互项的 T 值为 0.17，因此，契约控制在知识产权风险对协同创新组织形成效率影响过程中的调节

效应未能得到验证。

综上,契约控制对协同创新组织形成质量的调节效用显著,而对协同创新组织形成效率调节作用不是很显著。

二 快速信任的调节效应检验

(一) 调节知识产权风险与协同创新形成质量的关系

在知识产权风险与协同创新组织形成的关系中,快速信任的调节效应分析如表 8.7、表 8.8 所示。

表 8.7　　　　　　调节效应估计拟合指标

指标	χ^2	df	$\dfrac{\chi^2}{df}$	RMSEA	NNFI	GFI	AGFI	CFI
知识产权风险×快速信任	422.55	184	2.31	0.082	0.92	0.84	0.80	0.93
知识产权风险→形成质量	136.21	44	3.22	0.080	0.91	0.89	0.83	0.95

表 8.8　　　　　　调节效应估计值

指标	系数	T 值
知识产权风险×快速信任	0.15	1.72
知识产权风险→形成质量	-0.17	-1.91

整体数据拟合效果较好,说明知识产权风险直接影响了协同创新组织的形成质量;同时,"知识产权风险×快速信任"交互项的 T 值为 1.72 (即 p 在 0.1 的水平上),说明在知识产权风险对协同创新组织形成质量影响过程中,快速信任发挥了降低风险、促进合作的调节作用。

(二) 调节知识产权风险与协同创新形成效率的关系

在知识产权风险与协同创新组织形成的关系中,快速信任的调节效应分析如表8.9、表8.10所示。

表8.9　　　　　调节效应估计拟合指标

指标	χ^2	df	$\dfrac{\chi^2}{df}$	RMSEA	NNFI	GFI	AGFI	CFI
知识产权风险×快速信任	378.79	153	2.52	0.088	0.94	0.90	0.83	0.93
知识产权风险→形成效率	114.62	37	3.41	0.087	0.92	0.89	0.84	0.93

表8.10　　　　　调节效应估计值

指标	系数	T值
知识产权风险×快速信任	0.17	2.08
知识产权风险→形成效率	-0.23	-2.74

数据表明整体拟合情况较好,表明协同创新组织的形成效率受到了知识产权风险的显著影响,而快速信任发挥了显著的调节效应。

第四节　研究结论

一是契约控制调节效应显著。随着契约控制的加强,知识产权风险对协同创新组织形成质量的影响逐步降低,调节效应比较显著。这就启发创新组织管理者要在协同创新组织运行的初始阶段加大各类契约、规则、流程等的约束力度，将知识产权风险的负面影响予以预防和消除，从而缩短协同创新组织的形成时间。具体来讲，协同创新组织核心成员为了提高形成质量，可以采取优化规范、完善契约合同等手段。

对于知识产权风险与协同创新组织形成效率之间的关系，契约控制不具有调节作用，可能是如下原因造成的：在协同创新组织的形成阶段协同成员之间的信任可能会因为过度的契约控制而受到伤害；由于协同成员过于依赖契约控制，在完善、规范契约方面投入了过多的精力，从而产生内耗，导致协同效率的降低。

二是快速信任调节效应显著。在知识产权风险与协同创新组织形成质量、形成效率的关系中，快速信任的调节作用显著。这给我们的管理启示在于：高水平的快速信任对于协同创新组织的形成至关重要，因为快速信任可以在较短时间内凝聚成员，建立基于共同目标的任务型信任，互相依托、互相支持，才能最终实现共同的目标。此时，各成员之间的内耗降低，沟通成本减少，精力和技术等各方面的投入完全，从而推动了创新组织的快速形成。

第九章

协同创新组织运行阶段知识产权风险控制机制

协同创新的本质是合作,合作的前提是双方或多方能够主动付出或披露各自所拥有的信息与知识,遮遮掩掩的行为反而会伤害双方的相互信任,从而降低协同的效率。因此,第一节将以信号理论及博弈论为基础,探讨协同创新组织运行阶段知识产权风险的化解机制与防范对策。第二、三节将探讨协同创新组织运行阶段成员的竞合意识对协同绩效的影响。

第一节 知识产权风险控制机制之:主动知识外溢

在知识积累过程中,适当且适度的知识外溢对于社会的整体知识、资本、劳动力等要素的边际收益的提高、总体社会资本生产率的提高具有积极的促进作用,并最终推动经济的持续增长。但是在微观的协同创新运行中,知识或技术的外溢所带来的个体组织成员的知识产权风险和损失将阻碍合作的积极性。

一 知识揭露悖论

协同创新中存在的知识外溢,是指各个成员所拥有的知识、技术等在交流、使用的整个合作过程中,虽然组织中的其他成员主观上不会主动窃取他人的知识,但是在客观上也或多或少会获得一部分他人的知识或技术内容。[①]

知识外溢分为两种,一种是租金式溢出,即知识、技术或专利在商业化的过程中,所生产出来的新商品的定价没有完全反映知识的含量,而当企业的下游企业将此商品作为上游投入时,自然就得到了那部分未在价格中体现的知识含金量。二是纯知识式溢出,即由于知识本身的可流动性、研发人员的流动、交流活动中的不自觉外溢、合作中的传播、自我保密措施不健全等原因,导致所拥有的知识流失到其他企业而被模仿或使用。这种纯知识型的外溢是客观存在、难以避免的,但却是拥有方所不愿意出现的。在协同创新中合作阶段的知识外溢,由于还未开展深入的交流合作,基本属于纯知识外溢。据 Mansfield 进行的一项调查表明:在调查样本中,60% 的专利和技术秘密创新在四年之内全部被模仿了。[②]

知识揭露悖论也会导致知识拥有者损失其一部分知识资产。由于知识是无形的,并且具有公共产品的一些特性,那么在协同创新与知识共享的过程中,拥有知识的一方需要明确告知其他合作者一部分知识要点或内容,从而帮助

[①] 刘霞:《创新经济学的关注:技术创新与知识外溢的组织学习》,《求索》2003 年第 1 期。

[②] Edwin Mansfield, "Patents and Innovation: An Empirical Study", *Management Science*, Vol. 32, No. 2. 1986.

对方理解和判断所拥有的知识的价值及合作的必要性；如果这一知识披露使得对方推理和掌握了知识产权的关键点，知识的交易价值可能失去，合作将不再必要。这一情况即是知识揭露悖论：不告知，知识的价值难以完全展示；告知，将失去部分的知识价值。

二 主动知识外溢

无论是知识外溢，还是知识揭露悖论，在多数创新合作中都是存在的，所以协同创新中的知识所有者与普通合作成员之间通常相互不信任，一般会花很多资源和时间来观察对方的合作诚意，都希望在对方采取相应的行动后，才决定是否进入合作状态。只要发现有某个企业以挪用他人知识产权为目的而加入协同，那么其他的成员就会报复性地退出，以惩罚机会主义者。在这种情况下，由于成员之间没有共事的经历并缺乏良好的信任，若成员之间能够相互表露良好的合作意向，那么必将促进协同创新组织的快速形成。此时敢于做第一个"吃螃蟹"的合作成员，将会成为合作创新成功的关键。知识的外溢性并不全是坏事，如果知识资产的拥有者能够加以利用的话，就可以发挥知识资产的积极作用，吸引其他成员参与协同创新组织，并将外溢的知识作为协同创新的前期专有性资源，用以推动其顺利进行。

具体可以进行如下操作：（1）主动外溢而不是听任客观外溢的发生。假设在合作创新中的某个成员企业积极地开展知识的交流与共享，并且愿意在合作创新的最早期就投入自身的知识资源，那么它就在主动地进行知识外溢。并且投入知识的时间越早，表明其越具有合作的诚意与主动性。因此，协同创新组织可以对创新组织成员进行分类管理，其依据就是知识资产提供的时间先后，根据时间对成员进行排序后，就可以制定分类性的激励措施，推动组织合作开启良性循环的关键第一步。（2）对必然要外溢的知识进行有限的主动外溢。企业投入专用性的知识资源，本身就在传递一种积极的寻求合作的信号，显示自己对于合作的态度与诚信。（3）为建立稳定的长期合作，赢得良好的信任与声誉，获得对方的认可，外溢者必须分多次、小批量、多阶段进行有计划、有步骤的外溢，从而也能预防一定的风险。声誉是一项非常重要的资产，唯有参与者打算与其他主体进行战略性长期合作时，它才会注重声誉的短期、高成本式创建。根据研究可知，与声誉有关的投资一般发生在合作创新的形成阶段而非结束阶段，而且只有长期合作才有声誉投资的必要性。因此，打造值得信任的声誉形象有利于协同创新的可持续发展及最终绩效的保证。结合上面的论述，知识的外溢可以通过两阶段模型来加以描述：（1）信号传递模型的构建。通过建立模型可以显示参与者加入协同创新的真实意愿与实力；（2）建立多批次、小数量的知识外溢模型，从而构建积极良性的合作声誉，促进协同创新的持续开展。

三　主动知识外溢的信号效应模型求解

A 为知识资源的所有者，希望通过协同创新来提高自身知识资产的价值。B 为被寻求到的协同者，即普通协同成员，假定其投入为 I，可以是资金，也可以是知识、劳动力及这些资源的组合。A 期望构建高效的协同创新，所以特别愿意提前表达自己的合作诚意，可称其为"声誉人"。

B则采取针锋相对策略（tit-for-tat），即若对方有诚意则参与协同，否则就采取措施实施相应的报复性行为。B将A的知识主动外溢行为看作协同的信号，会针对主动知识外溢而采取相应的积极态度促成协同。

知识外溢的主动程度用e来表征，是一个随机变量，在区间（0，1）上取值，即$0<e<1$。当$e=0$时，表明A完全被动进行知识的外溢，此时可以认为完全被动溢出代表着完全没有协同合作意向，那么B将退出协同，所以$e=0$不成立。当$e=1$时，表明A完全主动溢出知识，此时可以认为完全主动溢出知识代表着自有知识资产的完全暴露，这种状况也不会出现。站在A的位置上来看，作为理性的经济决策者，自然可以选择主动外溢部分知识资源，但绝对不会完全地将企业的全部知识暴露给对方。那么B虽然可以实时响应A的外溢策略，但它的终极目标还是追求自身收益的最大化，假如它能毫无成本地获得A的所有知识，那么A就没有参与协同的必要性了，则会在获得想要的知识后主动退出协同组织，这样的话知识揭露悖论就随之出现了。所以$e=1$不成立。e在区间（0，1）之间随机分布，越趋向于1，表明A知识外溢的主动性越强。

设当e无限趋向于1时的协同收益为R，双方以S的比例分享协同收益，即A获得SR，B获得$(1-S)R$。此收益为期望的理想收益，双方协同不会中止而收益趋于最大化。在实际协同中，A不可能完全外溢知识，而是以e的程度有控制地、部分地外溢知识，所获得的实际协同收益为R'，双方按照S的比例分享协同收益，A获得SR'，B获得$(1-S)R'$。e调节着收益的大小，e越大，表明A越主动外溢知识，收益值越大；e越小，表明A越被动外溢知识，收益值越小。设实际收益值与理想收益值之间存在如下线性关系：$R' = eR$。

此信号博弈模型为不完美信息动态博弈。自然人 N 随机选择 A 的类型，A 知道自己的类型，B 知道 A 的类型分布，即主动外溢（合作型）的概率为 P，被动外溢（非合作型）概率为 $1 - P$。B 看到 A 的类型后选择自己的行动。

当 A 显示了其类型之后，B 决定是否积极投入合作。B 投入合作需要满足的条件是：
$$P \times [(1-S)R] + (1-P) \times [(1-S)R'] > I$$
即 $R > I/[P(1-S) + (1-P)(1-S)e]$。

令 $y = I/[P(1-S) + (1-P)(1-S)e]$，则
$$\frac{\partial y}{\partial e} = -\frac{I(1-P)(1-S)}{[P(1-S) + (1-P)(1-S)e]^2}$$
$$= -\frac{I(1-P)}{[P + (1-P)e]^2(1-S)}$$

因为 I、$1-S$、$1-P$ 以及 $[P + (1-P)e]^2$ 均大于零，所以 $\partial y/\partial e < 0$。这说明，$e$ 越大，则 y 越小；因为 $R > y$，说明随着 e 的增大，y 减少，合作方对 R 的要求门槛在逐步降低。

上述模型的解在现实中可以这样解释：如果 A 不断地扩大知识外溢的程度与范围，那么 B 就认为 A 对待协同创新是积极的、有诚意的，那么 B 也积极投入协同创新，从而不断降低自身对于协同的期望收益。换句话说，只要信息发送方有良好的合作意愿，那么即便协同创新的收益不大，双方也会积极加入协同组织。这一结论对于需要合作才能实现预期目标的企业而言具有重大的意义。即在自身难以独立完成某一任务而需要协同时，即便预期的合作收

益较低，也可以通过主动的自我知识显示赢得协同方的信任和协同的实质性进行。

四　多批次主动知识外溢的声誉效应博弈建模求解

如果一个参与者经常重复参与一个相同的博弈，那他可能会试图建立一套稳定的声誉策略，以降低管理的复杂性。如果一个参与者参与博弈的方式是可以预测的，那么他的对手就会预期他在将来继续这样的博弈从而相应地调整他们自己的行为。

参与博弈时，参与人需要在短期利益与长远利益之间权衡，从而确定重复博弈次数的价值。如果仅进行一次博弈，那么每个参与者关注的就是短期的利益；然而如果博弈是重复进行的，参与人可能会为了长远利益而牺牲眼前利益从而选择不同的均衡战略。尤其当其他的参与人都不甚了解自身的特征时，该参与人为了长远的利益必须要尽快建立一套声誉策略。此时，重复次数将在很大程度上影响博弈的均衡结果。

学者季建伟[1]通过研究表明：专用性资产所产生的"套牢"效应问题可以通过增加交易次数，从而构建特定的声誉模型来加以解决。这一观点也告诉协同成员企业，知识资产拥有者在知识外溢量一定的前提下，通过减少单次外溢量、增加外溢次数，有利于建立良好的声誉从而促进长期协同的进行。

假设如下：A 仍然期望通过不断地交易来建立声誉，

---

[1] 季建伟、邱菀华：《基于"套牢"效应的企业边界分析》，《经济科学》2003年第1期。

并且要表明自己通过主动外溢知识来建立长久协同的良好声誉的诚意与信号。B 依然采取针锋相对策略。A 分批次向 B 分享知识，而且 B 会对 A 所外溢的知识做出必要的积极响应，从而获得收益为 π。在双方良好的协同意向推动下，A 有 δ 的可能性获得下一次的协同收益 π，有 δ^2 的可能性获得下次的协同收益 π，合作进行 t 次。δ 是衡量合作成功度的系数，主要与知识外溢程度呈正相关，同时受协同企业的管理水平、技术理解能力、企业同类度以及企业的吸收能力等因素影响，$0<\delta<1$。假设在交易数量一定的前提下，企业 A 主动外溢知识或被动外溢知识的所得都与交易数量成正比。A 的总收益值为：

$$\pi+\pi\delta+\pi\delta^2+\pi\delta^3+\cdots\pi\delta^{t-1}=\pi(1-\delta^t)/(1-\delta)$$

若 A 一次整批性外溢其准备外溢的知识量，所得收益为 π'。当 $\pi(1-\delta^t)/(1-\delta)>\pi'$，即 $1+\delta+\delta^2+\delta^3+\cdots+\delta^{t-1}>\pi'/\pi$ 时，A 将选择分阶段外溢知识。这说明，在 A 计划的总知识外溢量不变的情况下，通过减少单次溢出数量、增加溢出次数，将使企业 A 既显示了协同的诚意，又获得了更大的协同收益，从而使协同声誉和外溢激励形成良性的循环。所以选择分阶段外溢知识是 A 的明智之举。

为证明此结论，假设在知识外溢量不变的情况下，将外溢次数增加为原来的 n 倍，则每次交易数量细分为原来的 $1/n$，由于假定企业 A 主动外溢知识或被动外溢知识的所得都与交易数量成正比，所以每次外溢的收益所得为 π/n，合作依然以 δ 的可能性获得下一次的利益，下一次收益为 $\delta\pi/n$，其总收益为：

$$\frac{\pi}{n}+\frac{\pi}{n}\delta+\frac{\pi}{n}\delta^2+\frac{\pi}{n}\delta^3+\cdots+\frac{\pi}{n}\delta^{nt-1}=\frac{\pi(1-\delta^{nt})}{n(1-\delta)}$$

而整批性外溢行为的所获收益为 π'/n。当 $\pi(1-\delta^{nt})/n(1-\delta) > \pi'/n$，即 $1+\delta+\delta^2+\delta^3+\cdots+\delta^{nt-1} > \pi'/\pi$ 时，A 将选择分阶段外溢知识。

比较下列两个不等式：

$1+\delta+\delta^2+\delta^3+\cdots+\delta^{t-1} > \pi'/\pi$ （1）

$1+\delta+\delta^2+\delta^3+\cdots+\delta^{nt-1} > \pi'/\pi$ （2）

因为 n，$t>1$，则 $nt-1>t-1$。

这表明，满足（1）式的 δ 的区间必然满足（2）式，而满足（2）式的 δ 的区间不一定满足（1）式，即不等式（2）中 δ 的取值空间更大了。这说明，在合作次数增加后，协同双方对合作成功度系数的要求区间扩展了。比如，以前可能当 $\delta>0.8$ 时双方才会合作，而随着 δ 的区间的扩展，可能只需要 $\delta>0.5$ 就会进行协同。

上面的结论对于协同实践的管理价值在于，在 A 的知识外溢次数不断增多的情况下，B 能够很容易地感知到 A 的合作态度与主动性、积极性，因此 B 也就对协同创新形成了良好的预期，即便合作成功的可能性降低也愿意投入合作。

五 主要结论

一是如果建立创新组织的核心成员能够持续扩大知识外溢的程度与范围，那么参与合作的成员会认为发起人对待协同创新是积极的、有诚意的，那么自然采取积极的态度投入创新，并且会不断降低自身对于协同创新的期望收益。即只要双方有良好的合作意愿，即便未来的创新收益不是期望的那么大，双方也会共同推进创新组织的进展。

二是在核心成员进行主动知识外溢时，可以采取多批次、小批量的知识外溢策略，既保护自身知识产权的安全性，又推进了合作诚意的多次展示和深入，推动合作方持续感知自身合作的主动性与积极性，一步步吸引对方的加入并形成坚固的合作联盟。

第二节　知识产权风险控制机制之：成员竞合意识

当协同创新中处于产业链同一环节的组织成员面对市场时，他们可能会成为争夺同类顾客的竞争对手，由此他们暗自采取手段打压对方，如窃取合作中的其他成员知识产权等。但由于每个成员基于自身无法独立完成创新而选择加入创新组织，这就导致各成员在协同创新组织运行中既有合作意识，更存在着竞争意识。对于天然存在的竞争与合作意识，对协同创新的最终绩效发挥着怎样的作用，其内在动机激励如何，成为协同创新组织运行深层动力机制的关键。

一　协同创新组织成员竞合意识

(一) 协同创新组织成员的合作

企业选择参与协同创新，一般是为了获得自身所不可能具备的知识、资源、信息、技能与能力，从而与其他组织合作，探求共同的利益的行为。

分析成员企业之间的协同创新合作是否必要，主要是看协同创新的成本、风险和时间这三个基本要素。在成本方面，不同企业所掌控资源的差异性，通过协同创新能够以较低的成本获取自身所不具备的技术与资源；在风险方面，企业很难接受投入大量研发经费进行自主创新，新产品却得不到商业化的可能；在时间方面，合作成为企业提升生产效率和产品质量的捷径。

从协同创新组织成员的优点来看：资源基础理论认为，没有任何一家企业能够拥有创新所需要的全部资源，任何企业的资源都是专用的，而建立协同创新组织进行合作创新，应当是企业贡献资源、共享资源的主要形式之一。由此可见，企业之间如果能够组建协同创新组织，那么就能以较小的成本获得最大的收益。Hamel等学者认为合作一方面让企业以低成本学习合作伙伴的技能，而更重要的一个方面是让企业看到了赶超的标杆，知道自己的不足和努力的方向。[1]

从创新组织成员之间的竞合关系来看，企业之间只合作不竞争也是不可取的。从交易成本理论的角度看，创新活动中只要存在协同合作，就不可避免地存在机会主义行为，逐步蚕食协同创新的信任根基，并随着合作的深入以及合作成员核心技术的逐步展露，而不断地加强和嚣张。但另一方面，协同创新非常注重成员之间的相互合作，会使企业基于对美好关系的期待而放松对自身知识产权的保护，可能会造成协同创新内部核心知识与关键技术的外溢，从而消磨企业的竞争优势与可持续发展能力。

(二) 协同创新组织成员的竞争

从协同创新组织成员竞争的必然性来看：资源基础理论认为，参与协同创新的各个成员作为追求市场利益最大化的个体，都希望借助协同创新来实现自身的效益最大化，

---

[1] G. Hamel, C. K. Prahalad, "Managing Strategic Responsibility in the MNC", *Strategic Management Journal*, Vol. 4, No. 4, 1968.

同时又会通过企业间的竞争极力从中获得更高的自身利益与潜在价值。

从成员竞争的优点来看，首先，协同创新理念也是以竞争为导向的，而且效率的最大化也是以企业之间的充分竞争为基础的；其次，学者 Joseph E. Stiglitz 研究发现，组织之间的竞争会引发激励效应和选择效应两种效果。[①] 来自外部的威胁和竞争一般会迫使企业主动来提高自身的效率，其实协同内部的竞争也会有相同的效果；最后，企业不同，那么它所拥有的资源与能力也就非常不同，企业可以主动地获取必要的知识，最大限度地将合作成果转化为企业的竞争优势。

（三）协同创新组织成员的竞合意识

Brandenburger 和 Nalebuff 研究发现，现实中的市场是既有合作也有竞争，共生共存于各个领域。[②] Cristina 也认为相对于单纯的合作或者竞争，竞合创新要比单纯的合作或单纯的竞争能更大程度地提高企业的自主创新能力，并且也能促进协同合作的可持续性。

通过 Adam Smith 的经典著作《道德情操论》，可以得到一个共识，即当每个人最先选择满足个人利益的时候，总是倾向于从对方的立场考虑问题。市场主体之所以选择进行合作，原因有两个层面，第一是人的自私自利心理和行为，第二则是人类的同情心，一种为别人考虑的立场与

---

① Joseph E. Stiglitz, "The Efficiency Wage Hypothesis, Surplus Labour, and the Distribution of Income in L. D. C. s", *Oxford Economic Papers*, Vol. 28, No. 2, 1976.

② Nalebuff, Barry, Brandenburger, Adam M., "Co-opetition: Competitive and Cooperative Business Strategies for the Digital Economy", *Strategy and Leadership*, Vol. 25, No. 6, 1997.

情感。利己主义者与利他主义者在组织和市场中是并存的,也就是说在人们的潜意识里合作与竞争是同时存在的。

二 协同创新组织成员竞合意识对创新绩效的影响

Khanna、Gulati 和 Nohria 的研究证实,由于协同成员有共同的利益,因此他们会互相合作。[1] 这种相互合作的意识促使他们为达到最终追求的共同利益而努力学习专业技能,进而提高成员的技术吸收能力。资源基础理论认为,企业间进行合作的主要原因是缺乏合作伙伴所拥有的专有性资源,这促使彼此产生的合作意识会促进其技术吸收能力,从而获取合作伙伴的专有资源。由此提出以下假设:

H1:协同创新组织成员间的合作意识会促进技术吸收能力的提升。

交易成本理论指出,企业会寻求自身利益的机会主义行为,机会主义可以体现在公司只要有机会,会尽可能从合作伙伴处获得更多的知识,增大其自身的技术吸收能力;策略论告诉我们,如果未来的不确定性越来越大的话,就会出现越来越多的参与者考虑自身的个体利益。而当合作伙伴间竞争意识加强时,大家都不太乐观,并且把握不准未来的合作前景。此时,组织成员将努力向合作伙伴学习以便吸收有价值的技术,从而提高自己的技术吸收能力与理解运用能力,可以得到如下假设:

H2:协同创新组织成员间的竞争意识同样会促进技术吸收能力的提升。

---

[1] N. Nohria, R. Gulati, T. Khanna, "The Dynamics of Learning Alliances: Competition, Cooperation, and Relative Scope", *Strategic Management Journal*, Vol. 19, No. 3, 1998.

Nonaka 和 H. Takeuchi 强调了隐性知识对企业知识创造和技术创新的重要作用。[1] 成员较强的技术领悟能力不但可以从协同伙伴那里获得复杂的显性知识，就连蕴含在成员的经验中和高度个人化的隐性知识都能被挖掘出来，并试图将显性的知识作为共同的知识，促进技术的共同进步。另外，协同创新中知识的转移速度也会受到技术吸收能力的制约，而企业加入协同创新的初衷就是希望获得互补的知识，与合作者共同开发新技术，因此，较强的知识吸收能力能够对创新绩效起到一定的促进作用，假设如下：

H3：技术吸收能力正相关于协同创新绩效。

三 竞合意识对协同创新绩效影响的验证

（一）变量度量

本章变量量表在前期研究的成熟量表基础上进行了适度调整，其中合作意识量表参考曹兴、宋娟[2]的研究成果，竞争意识量表参考 Szulanski[3] 的研究成果，而技术吸收能力量表来源于 Shu-hsien Liao[4] 等的研究，见表 9.1、表 9.2。各变量信度和效度分析结果良好，问卷质量较高。

---

[1] Nonaka I., Takeuchi H., "The Knowledge-Creating Company: How Japanese Companies Create the Dynamics of Innovation", *Long Range Planning*, Vol. 29, No. 4, 1996.

[2] 曹兴、宋娟：《技术联盟知识转移影响因素的实证分析》，《科研管理》2011年第2期。

[3] G. Szulanski, "Exploring Internal Stickiness: Impediments to the Transfer of Best Practice Within the Firm", *Strategic Management Journal*, Vol. 17, No. S2, 2015.

[4] Shu-Hsien Liao, Shan-Yuan Chou, "Data Mining Investigation of Co-Movements on the Taiwan and China Stock Markets for Future Investment Portfolio", *Expert Systems with Applications*, Vol. 40, No. 5, 2013.

表 9.1　　　　　　变量测度——合作动机

最终测量条款
1. 我方想通过合作，降低创新成本
2. 我方想通过合作，降低创新风险
3. 我方想通过合作，得到新产品、新工艺
4. 我方想通过合作，筹集研发所需的资金
5. 我方想通过合作，实现技术上的互补

表 9.2　　　　　　变量测度——竞争动机

最终测量条款
1. 我方想实现领导技术的机会
2. 我方想得到合作伙伴的技术诀窍
3. 我方想得到合作伙伴的技术培训
4. 我方想得到合作伙伴的人才支持
5. 我方想打造更大的平台、提升自身的实力

(二) 模型拟合结果

运用结构方程模型进行变量间整体关系的相互影响分析，拟合效果良好，具体见表 9.3 和表 9.4。

表 9.3　　　　　　模型拟合指数

	χ^2/df	RMSEA	CFI	AGFI	NNFI
参考值	2.0~5.0	<0.08	>0.9	>0.8	>0.9
拟合值	2.640	0.093	0.93	0.73	0.91

表 9.4　　　　　　　路径系数与 T 值

假设	H1	H2	H3
路径系数	0.82	0.18	0.70
T 值	6.55	2.17	6.25

(三) 拟合结果分析

协同创新组织成员的合作意识、竞争意识对其技术吸收能力存在积极的影响作用。不少学者证明了合作与竞争对技术吸收的正相关作用,而从合作意识、竞争意识对其技术吸收能力的影响考虑很少。协同成员之间的彼此鼓励可以强化相互之间的合作意识,这些合作企业会聚合在一起共同努力学习对方的知识与诀窍,相互促进,从而提高自身的技术创新能力与学习领悟能力;另外,竞争意识的加强也有积极的作用,同样会促使组织成员为了自身的利益,尽量多地学习他人的技术秘密,从而提高学习能力。

协同创新组织成员技术吸收能力对创新绩效存在积极的影响。因此,企业间的竞合意识对其技术吸收能力有积极影响,而技术吸收能力越高,协同创新的创新绩效越大。并且,合作意识对技术吸收能力的促进作用较为显著,因此协同创新成员竞争与合作意识并存的同时,要以合作意识为重,这样才有利于协同创新绩效的提高。

四　研究结论

(一) 主要结论

协同创新组织成员的合作意识与竞争意识一直存续于协同的过程中,并对协同创新绩效的优化带来诸多的积极影响。大部分的成员虽然以合作的态度来参与协同创新,但还是抱有警惕和机会主义的心态，相互之间并不信任，还是会相互竞争。所以，竞争与合作在创新中是相互存在的。竞争意识和合作意识的存在，都在一定程度上促进了协同创新组织技术吸收能力的提高，最终使得协同绩效得到了提升。

（二）管理启示

（1）协同创新组织成员之间要进行充分的知识交流和知识共享。有效的知识共享可以促进合作伙伴之间不同知识的吸收和转换，将彼此的技术经验内化为自身的知识，促进创新成果的产出。例如，合作组织可以建立一个信息交流平台，成员之间可以分享彼此的信息；组织交流会，促进显性知识转移；派遣员工去合作伙伴处学习经验；组织娱乐活动，使彼此加快信任，减少防备，促进沟通。

（2）竞合动机减少知识产权风险。合作创新过程中知识外溢不可避免，知识产权流失风险势必存在，而知识产权风险的存在会削弱彼此信任，降低创新绩效。因此减少知识产权风险成为必要。成员之间可以通过合作，加强彼此信任，减少投机主义行为，从而降低合作伙伴知识产权投入不足的可能性；同时，成员之间要进行合理竞争，避免知识产权和核心资源被合作伙伴恶意窃取，降低知识产权流失风险。

（3）竞合动机促进创新绩效的提高。成员之间不要一味追求合作，适当的竞争也可以提高创新绩效。合作固然可以加快知识的共享效率，加快彼此间的相互信任，但会缺乏创新的动力。竞争具有激励作用，适当的竞争可以激励成员加快创新产品的产出，增强竞争优势。因此，竞争与合作共存更加有效地促进了创新绩效的提高。

（4）对竞争动机与合作动机进行合理取舍。竞争与合作动机并存，但不同时期、不同情境下对竞争与合作要进行合理取舍。当大多数成员关注自身利益时，彼此间合作动机要适当加强；当多数成员对创新消极懈怠时，竞争动机的加强可以促使其为增强自身的竞争优势而努力创新。

第三节 知识产权风险控制机制之：成员的进入与退出

随着协同创新组织的运行，由于成员个体的利益诉求、组织创新的需要、组织运行进入倦怠期等原因，必然出现组织内部成员主动或被动地进入或退出组织的现象，这将带来知识产权投入的不稳定、知识产权流失、创新收益提前收割等一系列知识产权风险。时刻关注组织成员的变更，保持组织稳定与创新兼顾的健康运行，成为控制知识产权风险的必然手段。

一 协同创新组织成员更迭的必然性

通常，协同创新组织在组建初期，往往经过审慎的选择、严格的谈判、契约的控制等种种方式，并经过参与决策的各主体交互作用、逐步演化，确保尽可能地形成一个组合完美、运行顺畅的合作组织。但现实往往是，在其发展过程中会受到各参与主体的偏好、信任、情感等行为因素影响，受到政策法规、行业规则、宗教信仰等环境约束，使得合作组织的发展和成员的磨合极其复杂，成员对合作组织失望而导致的主动退出、成员错误导致的被动清退、吸纳新成员的进入等，成为必然的现象。

首先，合作本身不能保证联盟的成功。创新联盟研究中有一种观点，即成员之间必须相互合作，信任合作伙伴的投资决策、契约保障、机会主义及相互承诺等因素共同促进了合作的深化。然而，尽管有强烈的意图，合作伙伴可能会发现很难有效地结合他们各自的资源，同步行动，或者很好完成计划。

其次，即使合作伙伴的利益完全一致，且合作的程度很高，仍需分配和协调任务，以有效地达到联盟目标。否则，不仅不能提升创新绩效，反而会影响稳定性。

再次，还有一些因素会导致联盟的惯性，包括将合作伙伴间直接或间接的关系嵌入网络当中。创新联盟形成的时候，无论公司多谨慎地选择最初的合作伙伴及进行风险治理，不是每个意外都可预见，更不用说计划。事实上，国外创新合作的动态文献认为，随着时间的流逝，与制定初始的正式设计相比，管理联盟的关系更重要。

最后，协同创新组织参与非常复杂的项目的执行尤其重要，其中数量及种类的协调问题是核心问题。鉴于有限理性，组织管理者可能因为各种原因制定了不理想的合作设计方案。为满足稳定性与创新性的平衡，不仅仅需要切合实际的科学方案，还需兼顾这种平衡被破坏所带来的各种风险。

二　协同创新组织成员更迭动机分析

（一）打破组织发展倦怠期

根据平衡调节机制，协同创新组织是一个能够自我调节的动态平衡系统。当存在合作的周期过长、创新任务完成的难度过大或组织的平衡维持过久等情况时，合作会进入一种常规运行状态，成员节奏进入固化期，对创新的敏锐性下降，麻木性逐步增强，组织的整体效率开始下降，组织进入发展的倦怠期。这与组建充满活力、创新发展的初衷产生冲突。此时组织需要通过一定的手段主动打破这种慵懒的状态。对成员贡献度进行衡量、主动淘汰低贡献度成员、吸引更具贡献值的新成员，成为一种有效工具。同时，也存在组织成员主动退出、外部成员主动进入的情况，借此机会重新理顺合作规则，确定贡献比值，打破原有平衡，推动组织脱离倦怠状态。

（二）激发组织创新活力

协同创新组织的目标是通过资源互补、合作创新，得到个体成员难以达成的创新目标。但这是一个共同探索的过程，经常出现已有的合作成员资源不足、难以实现预期任务的情况，导致合作的停滞、士气的低迷。此时，需要针对当前进展中的核心问题进行重新梳理，找出当前匮乏的关键知识资源，再度考虑吸纳具备新的文化背景、核心资源、创新能力的成员进入，调整成员结构，再次激发组织合作的创新活力。

（三）推动组织迭代发展

协同创新组织的出现往往是基于一定的明确任务，当此任务完成时，创新组织是继续还是解散，将成为多数组织的一个两难选择。协同创新组织的组建过程非常繁杂，投入的沉没成本较高，形成协调的合作机制历经打磨，一旦解体将很难重新组建。所以多数协同创新组织难以割舍既有成果，而是选择合作重组，提出新的创新目标，推进合作持续发展。此时，需要分析已经变化了的外部环境，围绕新目标配置创新资源，重新审视成员的各项资源，合理配置成员数量与资源类型。此时，无论增加新成员，还是减少旧成员，这种合作伙伴的更迭都指向于互补性、适应性、创新性的增强，在原有成功的合作机制推动下，实现协同创新组织的迭代与可持续发展。

三　成员更迭对组织稳定性的影响

（一）成员更迭对组织稳定性的负面影响

成员的更迭，尤其是成员的退出，尽管为合作创新剔除了不利于发展的因素，但直接导致以下几方面的风险：

首先，已有成员在前期合作中已经建立起了一定的互动模式和协调机制，但随着成员的退出，原有的模式和机制会遭到破坏，而这对创新组织的有效性是很关键的；

其次，旧成员之间通过长期合作形成的较多的外部合作关系网，会随着成员的退出而导致整个关系网络的断裂、信任的破坏、网络的崩塌；

再次，当成员退出合作时，降低了合作组织的总体人力、物力、资本水平，组织将不能获得现有企业的技术、能力或有形资产，甚至可能会增加组织初始设定项目的终止风险；

最后，被退出的成员有加入对手合作组织的可能，掌握组织一定核心信息的成员在成为竞争对手后，对现有组织的短期利益和长期发展都存在极大的隐患。

（二）成员更迭对组织长期稳定性的积极作用

尽管协同创新组织的成员更迭导致了组织稳定性的下降，但这种负面的影响是暂时的。组织之所以下决心要清退不合适的成员，必然是基于长期利益达成的考虑。而长期利益的可达性会重新把新构建的成员团结在一起，在对新目标的追求中实现长期的稳定性达成。同样，新吸纳的成员虽然失去了前期的磨合机会，带着新的价值观、行为模式踏入了组织，但原有多数成员的聚合力所形成的强大力量会很快影响新成员进入步调一致的轨道，从而达成组织新阶段的稳定性。

四 成员更迭对组织创新性的影响

当市场或环境的变化提出了更高的挑战，原有成员的资源不足以支撑创新目标的实现，从协同创新组织的层面来看，新成员的进入，会对协同创新组织的创新性带来积极的影响。

首先，新成员一定是通过了协同创新组织的审核，带着组织所需要的知识资源、创新能力、新的思想和活力进入到组织中的，这将给合作组织注入新的创新活力；

其次，新成员的加入，必定会激发原有成员的危机意识，刺激其提高竞争力和工作活力，更加积极主动地贡献价值、融入合作；

最后，新成员也可能给协同创新组织带来新的外部合作资源、关系网络、新的市场、研发渠道等，整合共有资源、重建良好的外部环境。

五 更迭成员的选择

在更迭成员的选择中，协同创新组织运行过程中的新进成员选择，除了要符合新建合作组织之初的成员选择要求之外（此方面研究已有透彻论述），还需要既给创新组织带来新的异质资源、高度的多市场接触、新研发渠道、创新的知识和思维方式及对事业的激情等，同时还要有较强的协调能力和创新能力，能带动或促进整体组织的创新发展，促进新旧成员之间和谐新关系的形成，并能激发旧成员的创新活力。

本研究更关注协同创新组织中的成员退出。协同创新组织需要严格评估成员退出对组织旧成员管理、产业链关系、成员关系及组织整体销售及盈利产生的重大影响，以正确地预测并控制成员退出带来的风险及不稳定性，识别成员退出的成本，以免造成过大的损失。

协同创新组织选择清退与组织不相容甚至制约组织前进的成员，以下几种情况应被优先考虑：

一是不能继续为创新组织注入创新活力，其自身发展已到达衰退期，不能通过自身的资源支撑企业的运营，已成为组织发展的负担；

二是拥有其自身的市场、研发目标、企业文化、运行机制等，与创新组织层次的发展策略、目标及运转规则不相符，这种情况下其更易与组织和平"分手"。如张建新认为管理机制的不同，会让成员与创新组织整体不协调，此时创新组织会挑出不协调的成员。Mahesh Gopinath 等认为，建立信任和感知困难的成员会影响创新组织整体发展，组织会选择性地对这种成员进行清退。[1]

三是过于依赖创新组织的整体资源，对组织成员造成负担，与成员之间存在较多的矛盾，或凭借自身资源绑架创新组织、为自身企业的一己之利服务。如 Rice John 认为不同的联盟方式下企业间的关联程度是有差异的，其对创

---

[1] Mahesh Gopinath, Myron Glassman, Prashanth Nyer, "How Culture of Targeting Impacts the Evaluation of Products with Multilingual Packaging", *Psychology and Marketing*, Vol. 30, 2013.

新的影响也各有不同。弱关联有利于提升企业创新潜力，但会降低其整合能力；强关联的影响则相反。① 创新组织会清退处于关联性较强和较弱两个极端的成员。

四是可能对创新组织的整体运行造成风险或伤害的成员，如 Qian Jia 等②认为战略联盟提供知识共享和利用的机会，但是还存在知识泄露风险。由于知识和技术的泄露是影响合作稳定的重要因素，联盟会清退泄露联盟核心知识的成员。

六 破解稳定性与创新性悖论

新成员的进入在提升创新性的同时，必然会导致协同创新组织的不稳定；旧成员的退出会激发原有成员的危机意识和创新活力，但一定会影响整体的稳定性；过分安于稳定及现状，会降低整体组织的创新性；而一味追求组织的创新性，整体的稳定性也会下降，甚至导致解体的风险。因此，在协同创新组织的成员迭代中，出现了组织的稳定性与创新性的"悖论"。如何恰当地引进新成员、稳妥地清退老成员，保持协同创新组织创新性与稳定性的平衡，成为创新组织可持续发展的关键问题。

（一）控制创新组织的重组过程

在成员的进入及退出完成之后，组织可以根据新、旧成员的特征，调节新、旧成员与整个组织的融合过程。融

---

① Rice John, Peter Galvinb, "Alliance Patterns During Industry Life Cycle Emergence: The Case of Ericsson and Nokia", *Technovation*, Vol. 26, 2016.

② Qian Jia, Yun Wang, Xu, et al., "Effects of Increased Blood Pressure Variability on Platelet Adhesion and Aggregation in Vivo and in Vitro", *Acta Pharmacologica Sinica*, Vol. 34, 2013.

合过程可能会遇到一些障碍，从而导致两种可能性后果的产生，一种是融合失败可能导致的组织整体效率低下，甚至破裂。另一种是融合成功可能使整体组织的创新性及稳定性同时提高。

因此，在成员的重构完成之后，控制新、旧成员的融合至关重要。旧成员之间有其业务活动惯性、管理体系惯性及固有的配合模式，在创新组织中权责分明。新成员的加入从结构、文化、职权、利益分配上都会影响原有组织，新成员不仅要填补退出成员的位置，还要与旧成员磨合并提升组织的创新性，以满足组织吸收其的目的。在这种融合过程中，旧成员容易对新成员产生障碍心理，如对利益分配及资源减少的担忧，对自身地位下降的威胁等。因此，组织在这个过程中应发挥自身的管理能力，控制融合的方向以达到组织重构的目标。从管理学的角度来说，组织应设计成员融合过程的节奏、方式及范围。通过组织对成员的协调、沟通、激励等帮助成员完成工作职责的划分、组织结构的调整、资源的分配、文化氛围的形成等，从而避免较多融合障碍的形成。

（二）设定进入与退出规则

成员的进入和退出需要制定规则，以更好维护协同创新组织的发展及管理。组织成员的进入有主动与被动之分。对于主动进入的成员，搜索成本比较低、合作的主动性强，创新组织应通过自身的特质及需求制定所需成员的资源要求及资格审查标准，以便于管理。

对于被动选择进入的成员，对新成员的要求程度的高低也决定了其识别新成员愿意花费的资金，对于新成员的识别同样需要根据组织短期及长期的发展目标来制定新成员的资源标准。相对而言，一般的中型合作创新组织更愿意通过当地搜索进行新成员的识别，其成本较低，且对行业所处市场及企业了解更深；对于跨国型合作创新，通常对新企业有更高的要求及标准，大型跨国集团大多通过大型的数据库进行新成员的筛选。

成员的退出通常也分为主动和非主动的退出。对于非主动退出的成员，协同创新组织需在成立之初提早建立一个结构良好的退出计划，包括一套基于应急方案的退出条款，让每个合作伙伴都明确了解相关的退出条件。这种应急方案的制定要求组织中的每个合作伙伴的管理者对突发事件和退出条件有一个综合的理解，这种退出条件可以成为特定的合同条件的基础。

对于主动退出的成员，围绕着退出条件的，对突发事件进行定义的一系列明确和相互商定的过程，可以帮助排除组织需要终止时突发事件的破坏性和讨价还价的机会性，这对组织是有利的。

第十章

协同创新组织结束阶段知识产权风险控制机制

在协同创新合作中,保证创新组织稳定运行的重要因素是协调好各方的关系,利益关系是协同创新能否长期、稳定发展的关键,其实质是创新成果或知识产权在各主体间分配的科学与合理。在协同创新组织的结束阶段,利益分配模式与机制的选择优化特别重要,也是规避知识产权风险的重要手段。本章重点关注协同创新组织利益分配的影响因素与分配模型。

第一节 协同创新利益分配影响因素分析

协同创新组织是由不同的利益主体组成的,其最终的利益分配是否公平,是决定组织内部能否保持和谐稳定的关键问题,更会成为整体创新成败的关键所在。如果各个成员认为风险共担了,但是利益未能均沾,合作的积极性就会大大降低,同时协同创新也极有可能半途而废。所以,管理者必须为协同创新构建基于"利益共分、风险共担"

的责任制度[①]。

李梅芳等[②]经过研究证明合作创新组织成员的文化价值融合、科技中介机构以及风险投资等是影响合作创新利益分配的重要因素；胡争光和向荟经过研究得出，协同创新的主体、客体以及协同创新过程中所承担的风险的程度对协同创新利益分配有着重大影响[③]；Toshihiro，K. 探讨了中介机构在产学研合作中的积极影响[④]。综合各学者研究，普遍的、共同的、核心的影响因素主要有三个：初始投入、核心能力以及参与者所承担的风险。

初始投入：合作形成的原始基础，初步确定了各方的收益比例、责权利等。

核心能力：初始投入是资金、技术、人力等投入的具体方式体现。但在具体的合作过程中，多数情况下存在合作的主导方或是技术的主要研发方掌控技术，其核心能力直接决定其未来的合作地位及合作收益。

承担风险：协同创新的风险较高，尤其是创新性科研、科技活动更存在高风险的可能。因此，协同中一旦出现技术失败、市场未能开拓等风险时，需要界定各方应该承担的风险比例，因此确定各参与方在合作过程中应承担的风险直接影响着协同创新的成败，影响着各参与者的利益。

---

① 刘丽华：《中小企业合作伙伴利益分配问题研究》，《现代管理科学》2005 年第 3 期。

② 李梅芳、赵永翔、唐振鹏：《产学研合作成效关键影响因素研究——基于合作开展与合作满意的视角》，《科学学研究》2012 年第 12 期。

③ 胡争光、向荟：《产业技术协同创新利益分配方式选择研究》，《科技管理研究》2013 年第 5 期。

④ Toshihiro，K.，"The Role of Intermediation and Absorptive Capacity in Facilitating University-Industry Linkages: An Empirical Study of TAMA in Japan", *Research Policy*, Vol. 37, 2008.

第二节 协同创新利益分配博弈模型

一 初始投入额的确定

在利益分配中，要考虑的影响因素比较多，一般可以包括协同创新组织成员的专技人员、技术质量、生产过程等因素。虽然有的投入资源不可量化，但可以按照公认的标准和方法来换算成统一的计量额。据此，协同创新的初始投入情况包括如下几个方面：一是投入的启动资金，为合作创新而进行的研发资金的投入，生产设备和仪器购置，技术专利的投入等。二是投入的人力资本，如各类技术专家、技术工人等投入到创新合作专项工作中。三是融资成本，既包括事前确定好的投资额度及其成本，也包括合作过程中追加的投入与成本。

二 核心能力的确定

协同创新组织成员的核心能力可以做如下定义，即成员将各自的优势资源转化为创新成果的能力。在分配协同创新的收益时，必须考虑各自的优势资源、核心能力及对创新成果的贡献情况。具体的维度会涉及组织成员的各个方面，如上游的研发能力，中期的产品和工艺的变革能力、经营控制能力，后期的商业化能力和销售推广能力等。

在协同创新中，每个成员的核心能力是高度差异化的，研发设计能力与知识创造能力是高校、科研院所的强项所在；而工商企业则在制造、管理和营销方面更具优势，每一种能力对创新组织利益的贡献都极为重要，因此要尽可能准确地核定组织成员的核心能力。

三 承担风险的确定

协同创新存在失败的可能性,协同成员在创新活动中面临的风险主要是指技术风险、市场风险、合作风险和财务风险。风险的存在必然会造成损失,这些损失包括两部分:一是风险前期损失,指的是在风险事故发生前,各个参与创新合作的成员如何分摊这种来自可能性损失的无形压力;二是风险期后期损失,指的是在风险事故发生后,对现实出现的损失这种有形压力的分配。所以在进行收益分配的时候,必须考虑实际收益分配与预期收益分配之间的差异。有收益必然就有对应的成本,因此在分配收益的时候还要考虑到成本的分摊情况。

对于风险期前的损失,其计算方式为:风险损失 = 风险 × 创新投入

可以认为协同创新是一个持续的多阶段过程,其中 A 作为合作方,参与了其中的 n 个阶段,在第 i 个阶段的风险系数为 R_{Ai},投入资源为 I_{Ai};B 作为合作方,参与了其中的 m 个阶段,在第 j 个阶段的风险系数为 R_{Bj},投入资源为 I_{Bj},则 A、B 双方在各阶段所承担的总风险损失 L_A、L_B 分别为:

$$L_A = \sum_{i=1}^{n} R_{Ai} * I_{Ai} \qquad L_B = \sum_{j=1}^{m} R_{Bi} * I_{Bi}$$

在合作中,同类创新活动的行业平均成功率,可以作为确定风险系数 R 的大小参考,其关系为:风险系数 = 1 − 成功率。

识别风险,并按照比例确定各方需承担的部分,是各方在确定实际风险前必须要做的一项基础性工作。

四 基于 Nash 博弈的影响因素验证模型

基于前文的分析和论述，科学、合理、客观的利益分配机制对于协同创新的长期稳定和发展具有决定性的作用。考虑到协同创新的实践情况与特点，协同创新的利益分配具有自身的独特性，不可能存在一种显性的分配机制来分配看得见的利益，而必须通过各成员谈判与沟通，商定产品或服务的定价，从而进行成员间的利益分配，因此协商理论与博弈论适用于该问题的解决。一般来讲，在构建协同创新组织的时候，各个成员企业就需要商讨并形成一个初步的利益分配雏形，并以书面合同的形式加以固定。前文已经指出，正式的契约对于协同创新组织的高效运行不仅具有重要的控制与监督价值，而且可以清晰划分各方应当承担的责任、应当拥有的权益与应当履行的义务。总之，初始的利益分配方案一定是建立在协同创新组织各方博弈的基础之上的，博弈的结果应当以整体利益最大化为导向。[①]

（一）模型假设

为了便于分析求解，作出如下假设：

1. 假设参与协同创新的主体为 n 个，主体类型包括科研机构、高校等研究类组织，也包括企业类的生产方。

2. 假设协同创新的预期总收益为 π，各成员收益分别为 π_1、π_2、$\pi_3 \cdots \pi_n$。

3. 假设各成员主体的保留收益分别为 π_{01}、π_{02}、$\pi_{03} \cdots$

[①] 韩晓琳、张庆普：《企业间知识创造利益分配的合作博弈分析》，《技术进步与对策》2011 年第 8 期。

π_{0n}。此收益既是各成员方参与合作所要求的最低收益,也是谈判的底线,且满足$\pi_{01} + \pi_{02} + \pi_{03} + \cdots + \pi_{0n} < \pi$。

4. 假设协同创新组织成员的利益分配因子为s_i,各参与者的投资、承担的风险、核心能力等因素影响此因子,并且$s_1 + s_2 + s_3 + \cdots s_n = 1$。

5. 假设协同创新中的投资比例为I,承担的风险系数为R,核心能力系数为T,且它们对利益分配的影响权重分别为w_1、w_2、w_3,且$w_1 + w_2 + w_3 = 1$;$s_i = w_1 I_i + w_2 R_i + w_3 T_i$。

6. 假设各成员的效用函数为$Ui(\pi i)$,且满足$\frac{\partial U_i}{\partial \pi_i} > 0$,$\frac{\partial^2 U_i}{\partial^2 U_i} < 0$,即满足边际效用递减规律。

(二) 模型构建

在协同创新中,各成员参与利益分配的权重需要科学界定,各方所投入的知识资源、承担的风险、各自的核心能力以及协同各方为协同创新所做的贡献,是重点考虑的因素。因此,可将协同各方的利益分配权重用利益分配因子s_i来加以反映,并且运用修正的Nash博弈模型来确定协同创新的初始收益分配方案,以得到的纳什均衡解作为利益分配的方案。

根据假设构建的效用函数为:

$$U_i(\pi_i) = (\pi_i - \pi_{0i})^{s_i}, (i = 1, 2, 3, 4 \cdots n)$$

纳什均衡方程为:

$$\text{Max}\{\prod_{i=1}^{n}(\pi_i - \pi_{0i})^{s_i}\}$$

$$S.T. \begin{cases} \pi_{0i} \leqslant \pi_i \leqslant \pi \\ \sum_{i=1}^{n} \pi_i \leqslant \pi \end{cases}$$

利用拉格朗日函数法求解，得：

$$H = \prod_{i=1}^{n} (\pi_i - \pi_{0i})^{S_i} + \eta (\pi - \sum_{i=1}^{n} \pi_i)$$

对上式中的 π_i，η 偏导，并令导数等于零，得：

(1) $S_i (\pi_i - \pi_{0i})^{S_i - 1} \prod_{j=1, j \neq i}^{n} (\pi_i - \pi_{0j})^{S_i} - \eta = 0$

(2) $\pi - \sum_{i=1}^{n} \pi_i = 0$

对式（1）化简可得式（3）：

(3) $S_i (\pi_i - \pi_{0i})^{S_i - 1} \prod_{j=1, j \neq 1}^{n} (\pi_i - \pi_{0j})^{S_i} = \eta$
$(i = 1, 2, 3, 4 \cdots n)$

进一步简化式（3）可得式（4）：

(4) $\dfrac{S_1}{\pi_1 - \pi_{01}} = \dfrac{S_2}{\pi_2 - \pi_{02}} = \dfrac{S_3}{\pi_3 - \pi_{03}} \cdots \dfrac{S_n}{\pi_n - \pi_{0n}}$

根据式（2）和式（4），求解得：

$$\pi_i = \pi_{0i} + S_i (\pi - \sum_{j=1}^{n} \pi_{0j})$$

由此可以得出如下结论：

（1）协同创新组织成员为取得利益最大化和效用最大化，会采取协同创新的形式；

（2）协同创新组织成员 i 的收益与其保留收益呈正相关，与其他成员的保留收益呈负相关，即在各合作主体利益分配因子固定不变的情况下，该成员的保留收益越大，其他成员的保留收益越小，则该成员的收益就越大。

（3）协同创新中，成员 i 从创新合作中获得的收益与其利益分配因子 S_i 呈正相关，与其他成员的利益分配因子呈负相关，即在各合作方的保留收益固定的情况下，成员 i 的利益分配因子 S_i 越大，其所获得的收益就会越大。

（4）协同创新中，由于各合作方的初始投资额 I、承担

风险的系数 R 以及其核心能力 T 决定了利益分配因子，因此在 w_1、w_2、w_3 一定的情况下，成员 i 的初始投资额越大、承担风险的系数越大、核心能力越强，则其利益分配因子就越大，所以其所获得的收益就会越大。

第十一章

协同创新知识产权风险管理对策

知识产权风险的存在是客观的,其对协同创新带来影响也是必然的。前面的理论及实证研究已经对知识产权风险做了深入的剖析与探讨,这有益于实践者们及各级政府找到管理知识产权风险的对策。总体来看,可以从政府、协同创新组织及协同创新组织成员三个层面制定管理知识产权风险的对策。

第一节 政府层面的知识产权风险管理对策

政府既是创新法规与政策的制定者,也是创新实践及环境秩序的推动者与维护者。所以,政府应当从多个层面加强对知识产权风险的管理:制定知识产权法规及政策体系、构建信用治理机制、构建知识产权风险预警机制、提升知识产权执法水平及宣传培训知识产权知识等。

一 建设高水平的知识产权法律法规和政策体系

知识产权的保护应该是政府的一项义不容辞的任务,应该本着鼓励自主创新、优化创新环境、建立和维护良好的贸易投资环境和公平竞争环境的原则构建知识产权法律法规体系，加强对知识产权的宏观管理。具体可以从如下几个方面加以努力：

首先，党中央、国务院应站在国家政治意志高度，出台符合当前经济社会发展趋势潮流的知识产权战略，制定清晰的战略目标、战略重点与战略路径，为我国较长一段时期的技术创新指明方向、规划蓝图。同时，应当鼓励广大企业培育属于自己的知识产权，并推动拥有自主知识产权的产品出口，主动占领海外市场。国务院相关部门，特别是国家知识产权局应该密切关注经济全球化的最新动态以及国际知识产权规则的发展方向，从而适时出台针对性的政策，提升我国的原生性创新能力与国家的综合科技实力和核心竞争力，以全面推进落实创新驱动发展战略。

其次，构建适应新形势的知识产权宏观管理机制，增强风险管控能力。充分利用各种新媒介，加强宣传、培训和教育，打造有利于知识产权保护的舆论氛围，提高全民的知识产权意识。并且在全社会范围内构建一种知识产权文化，确保所有的市场主体都能够知晓、认同并践行知识产权保护的重要性，切实把知识产权保护与技术创新相融合。

再次，我国政府必须确保知识产权政策的灵活性，在深度把握全球经济发展趋势的基础上，以国际化的视野积极参与知识产权规则的制定，并与相关国际组织共同开发国际知识产权标准。在经济全球化的浪潮中，相关国际组织还要确保相关标准得到很好的宣传、解释与执行，同时我国政府也要采取措施积极引进全球技术资源，尽快帮助我国融入已经到来的知识经济新时代，并在全球技术创新与技术贸易中受益。但是在制定知识产权法规和政策的时候，还必须权衡我国的现实情况和经济发展水平，出台更多具有适应性的政策。

最后，我国知识产权法规与政策的制定既要追求国际同步，还要注意对民族产业的保护与支持。因此，我国政府在修改、优化知识产权法时，不但要保护知识产权持有人的合法权益，还要与国际知识产权保护潮流同步，加强与世界发达经济体的技术沟通与交流，从而促进我国企业技术创新能力的提升。另外，还要以国家利益与民族利益为重，充分运用知识产权法律保护民族的创新热情，促进经济社会的转型发展，推动创新驱动发展战略。

二 建立知识产权风险的监测预警机制

建立专利应急与预警机制，切实加强我国的知识产权保护创新工作，这是我国的一项重要任务。专利应急与预警机制应该从国家及地方两个层面予以构建。一方面，国家知识产权局加强专利审查工作，将与专利申请有关的数据、特征及敏感问题输入计算机预警系统。另一方面，将各地处理的各类知识产权纠纷案件，由所在地知识产权局进行规范整理，并将相应的数据录入对应的计算机预警系统。通过计算机系统比对这两套数据，通过分析研究进行预警。

三 强化知识产权执法力度，提高保护水平

完美的知识产权法规依赖于执行。而执法涉及多个行政部门和对应的司法机关。所以构建行政与司法协同的执法机制是非常重要的，但必须要强化领导、明细职责、共

同合作。知识产权保护工作涉及多个行政部门和司法机关，要继续推行行政和司法"两条途径、并行运作"的知识产权保护模式，加强领导、明确责任、协同配合。为了进一步整顿和规范市场秩序，对于制假售假、商业欺诈、盗版和假冒专利等知识产权侵权的违法行为必须坚决予以打击。同时，进一步修订完善行政执法流程，依法高效率地调节知识产权纠纷案件。最后，要积极发挥跨部门执法协作机制和区域协作执法机制的作用，打击和防范群体侵权、反复侵权行为。强化知识产权司法保护，认真落实知识产权司法解释，依法追究侵犯知识产权犯罪行为的刑事责任。

四 加强宣传与培训，提高全社会知识产权法律意识

提高我国当前全社会的知识产权法律意识刻不容缓。知识产权法律的培训与宣传既要考虑国内的实际情况，又要结合国际最新动态。充分利用多种形式和媒介进行宣传。宣传工作的关键在于权衡好如下两个方面：一方面是运用好知识产权制度促进我国自主创新能力的提高，并积极营造卓越的知识产权保护环境，为我国的转型发展与创新驱动发展提供动力与支持，从而实现跨越式发展；另一方面，人才培养是知识产权宣传与培训工作的重中之重与应有之义，特别是高层次人才队伍的建设，这里既包括专业技术人才，还包括管理人才，并且要将知识产权的宣传与培训纳入各级管理部门的绩效考核指标体系之中。

五 加大惩治失信行为的力度

依法惩治失信行为是各级政府的职责所在。对于违背契约精神与违反合同法的知识产权交易行为，政府必须依

法加以惩罚，特别是性质恶劣的行为必须严惩。从经济学的视角来看，只有失信的收益远远小于失信的成本，才能有效遏制各种失信行为，失信者才会有所顾忌。

第二节　协同创新组织层面的知识产权风险管理对策

协同创新作为一种契约性的组织，必须对自身的知识产权风险进行精心的管理与控制。具体而言，协同创新可以通过构建协同成员选择机制、任务分配机制、风险控制机制、协调沟通机制以及信任激励机制等制度来加强对知识产权风险的管理。

一　建立完善的协同创新组织成员选择机制

协同创新组织在选择成员的时候，可以分初选和综合评价两个阶段进行。在第一个阶段，协同创新管理者为了缩小综合评价的范围，提高甄选效率，必须对海量的成员进行初选。在初选阶段，为了降低信息甄别的成本，提高成功率，选择者可以依据生产水平、科研能力、经营过程等因素来进行评估。接下来，就可以进入第二阶段，对初选的成员进行综合评估。而且管理层需要确定综合评价指标体系，并建立一个综合模型。特别需要注意的是，在选择成员的时候，必须考虑外部环境的变化，重新修正选择的标准、指标权重及评价方法等。因此，必须将初选与综合评价完美结合起来，才能确定适合的伙伴。

在选择组织成员时，应该考虑的选择标准如下：

一是不同成员的创新目标是否一致。对于目标的高度认同对于协同创新的持续运行是非常重要的，因此创新目标一致是选择成员的关键指标，只有创新目标一致才能保证协同持续稳定运行。为了考察成员的创新目标是否一致，可以考虑如下几个因素：协同的动机、投入资源的专用性强弱、潜在成员竞争优势、潜在成员竞争劣势等。

二是竞争优势的互补性。为了使协同创新组织核心成员与备选成员之间形成一定的互补，在考察潜在成员时，必须看各自所拥有的资源是否具有互补性，因为互补的资源可以实现双赢。潜在成员之所以加入协同创新，动机很清楚，就是为了实现资源协同并保持和放大自身的竞争优势。同时，具备核心资源的潜在成员不但可以为协同创新注入新的资源，而且能够提高协同创新的成功概率。所以，在选择成员时要注重潜在成员与协同创新组织的竞争优势互补性。

三是实力的匹配性。在合作伙伴甄选的过程中，应当十分注意选择实力相当或匹配的企业。事实上，外部市场环境是经常变化的，企业的经营发展策略也会发生相应的改变。如果某个合作伙伴改变自己的创新战略，将会影响整个协同的战略，继而影响协同创新的稳定与持续。如果企业的规模、实力相差十分大，那么小企业几乎就是大企业的附属品，其经营管理行为完全受到大企业的管控。并且小企业通常缺乏决策规范与管理标准，与大企业的文化格格不入，也会影响协同创新的运行效果。针对上述问题，如果协同各方的实力能够匹配，就会抑制上述情况的发生。特别是对于契约性的协同创新，由于缺乏股权制约，保持成员实力的匹配就显得尤为重要。

四是运营策略的一致性。选择协同创新组织成员时，应该优先选择运营策略差异性小的企业，因为不同企业的运营策略是不同的，运营策略不同的企业在协同创新运行的过程中一般会产生矛盾与冲突。为了使协同创新实现高效而顺畅的运行，就必须选择运营策略差异小的企业。但是运营策略差异也是不可避免的，在新的成员加入前，与各方达成运营策略共识是极为重要的。

五是文化背景的相似性。成员的文化背景在甄选伙伴的过程中，应该作为一个重要的指标加以考核。由于企业的文化不同而造成协同创新失败的案例非常多。因此，在确定成员时，应该重点并能全面考察企业的文化价值观念。但是也不可能要求所有的企业的文化都一致。如果成员企业之间的文化背景相似的话，在理解、尊重文化差异的基础上，最终可以实现协同创新的成功运作。

二　建立完善的任务分配机制

协同创新的任务需要根据一定的指标分配给不同的企业，其中项目的总目标与协同成员企业的核心能力就是最重要的两个方面。成员企业之所以选择加入协同，就是为了在资源共享的基础上，通过完成相应的项目来获取协同的收益。也就是说，具体项目的完成是实现成员利益的有效途径。项目的完成需要多个协同企业的共同参与，因此必须将项目的总目标按照一定的原则分配给各个成员企业，在分配过程中应该做到如下几点：

一是确保协同创新组织成员担当任务所需要的能力，与成员自身具备的核心能力保持一致。

二是分阶段、依能力分配任务量，确保成员能力可以按时按量完成。

三是分配给不同成员的任务单元既要体现分工合作、资源互补，更应具有相对的独立性，避免重叠。需要多个成员合作完成的工作内容，应制定协作流程。

四是任务分配应该以有益于成员间的合作为宗旨，以有益于成员间建立信任为原则。

五是明确进行任务的界定，既要让成员便于开展工作，更要能够对任务的完成情况进行评估。协同创新组织在规划协同创新的结构时，基本就对任务进行了初步的划分，在确定具体的成员企业后，再结合成员的个数和核心竞争优势，确定每个具体成员的协同任务及子目标。在协同创新的书面契约中，应当将项目的总目标及各个成员的目标、权利、义务、职责加以清晰的说明，以便作为以后评价控制的依据。

三 建立完善的风险控制机制

风险机制就是通过建立创新合同体系，形成以风险分担、收益共享为原则的风险预控型合同，来控制风险。

一是建立外部信息反馈机制。即在创新合作之初，要明确规定及时采集、反馈和研究外部市场相关信息，并确保外部的相关信息能够及时传递到决策机构，以便灵活调整策略与目标，从而最大程度地适应外部环境。

二是建立内部信息反馈机制。内部信息反馈机制的关键是约束和控制内部成员，即通过采集组织运行过程中各成员的相关信息，对其积极行为予以表彰，对其负面行为予以警示和惩处，从而避免对组织运行后期产生不利影响，并判断是否继续与该成员合作。

四 建立完善的协调沟通机制

一是信息协调机制。协同创新组织本身在空间上的存在不是连续的,协同创新组织的资源、功能呈离散状态分散在不同地方,协同创新组织离散化。互联网络等高技术手段的出现为协同创新的管理协调与统筹工作带来极大的效率提高与效果改善,通过互联网,成员可以进行分布式合作,共同完成目标任务。各种必要的沟通与交流也可以通过虚拟技术面对面进行。而且协同创新的收益划分、目标任务的分配分解、风险控制机制的运作等都依靠完善的信息沟通机制作为基础,为其提供大量的所需信息。协同创新组织能及时、有效、准确地把握组织成员的各种动机,以确定相应的利润分配形式并获得成员对分配利润的满意度。项目协同创新风险控制机制同样需要信息系统对各种信息进行处理和及时的反馈,以尽快采取相应措施。

二是文化协同机制。每个成员的文化背景都不尽相同,因此也就孕育出了多元化的管理风格。那么协同创新组织必须在全面评估组织成员的文化及相应的管理风格的基础上,构建适合的管理架构与控制模式。在充分理解并尊重文化差异的基础上,通过求同存异来消除沟通障碍,并积极采用现代通信网络,建立全方位的、多种形式的沟通渠道,培养融洽的组织沟通气氛,最终逐渐形成相对一致的协同创新文化,这是协同创新组织建立的基础。同时,文化沟通也是创新组织正确领导、激励和决策的前提,协同创新管理者应注重在文化沟通的前提下发挥领导、激励和决策等管理职能。不同的企业文化决定不同的领导理念,所以核心成员企业在选择领导方式时,必须充分考虑不同文化的特点并结合现代领导理论。同样，在进行跨文化激励时，也要考察成员企业的文化背景与价值观念，把握其需求后再采取激励措施。

三是冲突解决机制。就成员之间的冲突问题，应该采取预防为主的原则，做到未雨绸缪。其中的文化调和机制、信息交流机制等都可以用来预防冲突的发生。但由于成员企业不认同共同的目标、沟通存在障碍、文化不相容等问题，冲突还是不可避免的。因此应提前建立处理冲突的原则和相应的应对策略，避免带来更多的损失。

五　建立良好的信任激励机制

信任是最好、最廉价的激励。由于协同创新是基于契约的松散型临时性组织，所以基于信任的激励机制对合作来说是至关重要的。故在协同创新中，信任不仅是一种稀缺的资源，更是一种关键的激励机制。

一是建立情感嵌入机制。情感嵌入机制的本质就是内在化成员企业的偏好与利益。如若一个人的效用函数由自身利益与他人利益两个部分构成，也就表明自己利益与他人利益是一体的，实现了他人的利益也就实现了自己的利益。现实中，很多的市场交易都是建立在情感机制基础上的，或者说非正式制度是对正式制度形成的经济关系的重要补充。个体在人际交往中嵌入越深，就越有可能通过快速的信任形成自发的合作。尤其在中国这样的关系社会，人际关系运作可能是中国人建立和发展信任的重要途径，因此应通过情感嵌入发展企业间的快速的信任关系。

二是建立协同创新组织成员之间的信任。为了尽快建立相互信任，并确保顺畅运行，从而发挥信任的激励效应，协同创新组织应通过合适的信息发布渠道，及时表明组织对违规行为制裁、对合作行为奖励的决心和态度，提高组织公信力。同时要建立沟通机制与框架，依赖正式或非正式的沟通渠道将成员的行为透明化，并对相互的合作与沟通保持高度关注。此外，要积极开展跨文化管理培训和非正式渠道的沟通以促进相互的信任和知识的交融等。

第三节　协同创新组织成员的知识产权风险管理对策

协同创新组织成员本身就是创新组织最重要的资源，是各种资源的有机整合，特别是其中的人力资源具有很强的主观能动性，需要进行有效的管理。成员既要强化员工的技术保护意识，更要在合作中强化合作部分的共享意愿，同时协助员工明确合作中的角色定位、强化薪酬与职业成长的激励，从而最终确保企业自身知识产权安全和协同创新产出的双收益。

一　加强员工知识产权共享意愿

一般情况下，提高知识共享的程度，可以有效地提高知识产权研发的效率与效果；相反，如果企业间知识产权共享程度低，意味着各成员对原有知识产权投入不完全，进一步降低企业间的信任度，形成知识流失的风险与可能性。因此，成员间应强化提高知识产权共享意愿，促进知识产权在创新组织内部的有效流动，保持协同创新组织的稳定性，进而促进创新绩效的提高。

二 强化员工技术保护意识

技术是企业的秘密与财富，每名员工都有保护技术的责任与义务，特别是在人际交往或正式合作时，都应当十分慎重。在日常工作中，首先要让员工认识到技术流失对企业的危害，并且要将具体的需要保密的项目列举出来，甚至可为员工提供必要的咨询服务。在合作共享过程中，为了避免合作伙伴误入重要的技术领地，应当加以标示，而且企业联络人在外事活动中也要细心，避免提供不合适的技术文案或随意谈论受保护的技术话题。涉及研发的专业技术人员更不应该随意透露与本项目无关的信息，管理层在谈判时也要谨慎。

科学的做法是对知识进行分类保护，同时严格遵守互相签订的保密协议。具体来说，有如下三类保护对策：

一是对于企业根据合同必须向合作方提供并允许共享的技术，主要保护该项技术只限于合作创新范围内使用，不得向第三方扩散，保护的主要手段是双方签订明确的保护条款。

二是对于企业向创新组织提供但合作伙伴限定使用的技术，保护的主要手段是只提供那些已经申请获得了专利的技术。

三是对于企业不向创新组织提供的其他技术和知识，合作者通过参与试验、接触企业内部文件、同员工交谈、参加各种报告会等方式有可能获得这些技术。保护的手段是签订限制性条款，同时更重要的是提高企业自身及员工的保护能力。

三 进行员工离职就业限制

在合作伙伴的相互交流和合作中，其他合作伙伴可能会十分了解本企业的技术精英和潜在的专业技术人员。故而有可能在合作创新结束后，合作方会采取非常规的手段搞不正当竞争，挖走企业的核心技术人才，可能的手段有诱人的薪水、高职位承诺及其他住房政策等。精英骨干的出走会使企业一些商业秘密和技术诀窍以及存在于员工头脑中的隐性化程度较高的经验性知识等发生流失。因此，为了避免企业的人才和技术被合作伙伴挖走，必须设置一定的条款限制技术人才一定时期内在合作组织内或合作组织外部的自由流动。比如：在约定的协同创新过程中及结束后的一段时间内，任何一方不得雇用对方员工，未经对方同意不得雇用最近两年从合作方辞职的员工；在合作终止之后两年之内，不得雇用对方员工，未经同意不得雇用从合作方离职的员工；员工不得在合作创新运行阶段以任何理由离职；等等。

四 协助员工适应角色定位

在协同创新组织中，管理权力的有限性导致角色定位比职能定位更为重要。要对成员企业的角色进行准确定位，既要考虑每个人的脾气秉性，又要充分展现其才能与特长，这样才能构建出高绩效的团队。通常成员可以承担不同的角色，因此可以通过角色管控来引导不同企业之间开展相互配合与相互协同合作，形成一个具有超强凝聚力与向心力的整体。

五　激励员工参与协同创新

企业内部员工是否参与协同创新的工作，必然面临着工作难度、工作压力、薪酬、职业成长、新环境等一系列问题。为激励员工积极参与共同创新，一是要给予薪酬激励，对成员的角色贡献度应当根据外部竞争性、内部公平性、个人业绩和能力等指标进行客观评估，并根据评估的结果给予高于企业内部报酬的相应奖励。二是企业既要考虑成员临时性的工作业绩，也要结合其长期的职业生涯发展，实现快速的自我与职业成长，更要考虑在企业内部的职业成长台阶，促使员工愿意中断自身工作而投入到创新工作中去。

第四篇

结　论

前文首先较为系统地梳理了协同创新的文献积累，探寻了协同创新的理论基础，搭建起了研究的逻辑起点与推进思路。同时，阐释了协同创新的价值，剖析了我国协同创新所面临的问题。其次，从法学、管理学、资源依赖及生命周期的视角探索了知识产权风险的理论本源、影响因素、形成机理与演化机制，并运用实证手段厘清了知识产权风险与协同创新绩效之间的关联机理。再次，运用博弈论方法构建了协同创新合作伙伴甄选机制，并引入契约控制与快速信任建立协同创新形成阶段的知识产权风险防控机制。针对协同创新组织的运行阶段，采用委托—代理模型与信号理论，总结出了主动知识外溢与强化合作意识的知识产权风险防范思路。而在结束阶段，则主要通过构建合理、科学的利益分配机制来确保合作的长期性与协同的稳定性。最后，从政府、协同创新组织、协同创新组织成员三个层面提出了多层次、立体化、可操作的协同创新知识产权风险防控对策与管理措施。本章将系统总结本书的核心内容和主要结论，凝练研究的创新之处，并对协同创新与知识产权风险领域的研究趋势加以展望。

第十二章

主要研究结论、创新点、研究局限及研究展望

第一节 主要研究结论

基于前文的研究分析,可得到如下几个重要结论:

第一,协同创新的优势是整合资源、分散风险、提高创新能力与成果。

在当今知识经济时代的大背景下,企业面临更为严峻的技术竞争和挑战,许多企业开始突破自身组织边界,吸纳和整合外部技术资源,由原来的"对立竞争"模式转变为"合作竞争"模式。协同创新对于企业的发展具有重要的价值与作用,不但可以整合其他企业的技术与知识资源,还能引导各种创新资源流向核心企业,从而实现企业的聚合式创新,打造企业独特的核心竞争优势,最终实现企业的可持续发展与永续经营。因此,整合创新资源是企业间愿意主动合作、形成协同创新的本意。同时,协同创新组织的建立可以有效地分散创新成本过高、创新成果过少甚至是无创新产出所带来的经济风险,以及创新成果商业化过程中的市场风险。另外,资源差异较大的企业合作可以

提高彼此企业的技术吸收能力，进而提高研发成功率，优化协同创新的整体绩效，产出更多的知识产权。

第二，协同创新中的知识产权风险成为阻碍协同创新成功的关键。

在协同创新组织的建立与运行中，协同效应并未得到完全的发挥，主要是因为资源投入不充分、协作机制不健全、利益分配不科学等问题的存在。更为重要的是知识产权的竞争所引发的风险问题对企业的影响更为严重，因为知识产权与企业的核心资源息息相关，并且又是收益的大小及分配所要考虑的关键要素，所以知识产权风险问题的解决是一项挑战，但又必须面对。这些都会影响协同创新中的知识产权共享与转移，导致成员间的不信任，引发道德风险和"搭便车"行为，降低创新的绩效，等等。因此，如何降低知识产权风险从而提高协同创新绩效成为协同合作的核心内容。

第三，基于管理学视角的知识产权风险影响因素与成因。

本研究基于管理学的视角，在探讨了协同创新的理论基础并对前期研究进行综述的基础上，对协同创新中的知识产权风险内涵进行了界定，对其特征进行了总结，分析了协同创新知识产权风险产生的影响因素和形成的原因。该研究与法学视角的知识产权风险研究形成了理论互补。

（1）根据协同创新组织各阶段的特征属性，分别界定了各个阶段知识产权风险的类型与表现；同时，从以下几个视角解读了知识产权风险，分别是风险事件对主体影响的视角、知识产权风险诱因的视角、合作主体的视角及合作客体的视角。

(2) 知识产权风险的影响因素众多，具体包括企业之间的相互依赖性与相对独立性、企业之间信息的不对称性与不完备性、企业之间知识产权创新不协同、风险机制不完善、契约机制不完善、缺乏相应的专利人才、知识产权法制保障体系不完善、缺乏分布式决策和集中式管理的组织结构、合作动机不纯正及关系情境不明朗等。

第四，知识产权风险严重影响了协同创新组织的初始和最终绩效。

知识产权风险的存在，在协同创新组织建立的初始阶段，主要表现为对协同创新组织形成质量和形成效率的影响。其次，在组织的整体运行中，知识产权风险的存在伤害了组织最终的创新绩效。

第五，从协同创新组织运行的三阶段分别探讨了知识产权风险的控制策略。

本研究将协同创新组织分为形成、运行和结束三个阶段，协同创新组织形成阶段主要进行知识产权谈判，运行阶段共享投入的知识产权以及阶段性创新成果，结束阶段进行知识创新成果的交接和转移。运用博弈论等数理模型和实证研究方法相结合的方式，用三个章节的篇幅分别探讨了在协同创新组织各个阶段进行知识产权风险控制以及降低知识产权风险的措施，主要包括建立快速信任、加强契约控制、解决委托代理问题、主动知识外溢策略、竞合关系处理以及完善的利益激励机制等。

第六，防范知识产权风险、提高协同创新产出绩效对策研究。

在前期理论演绎与实证的基础之上，最后从政府、协同创新组织以及协同创新组织成员三个层次，分别提出了防范知识产权风险、提高协同创新绩效的对策建议。

基于政府层面的对策主要有：进一步加强知识产权法律法规和政策体系建设；建立知识产权风险的监测预警机制；强化知识产权执法力度，提高保护水平；加强知识产权法律的宣传与培训，提高全社会知识产权法律意识；加大惩治失信行为的力度。

基于协同创新组织层面的对策包括：建立完善的协同创新组织成员甄选机制；建立完善的任务分配机制；建立完善的风险控制机制；建立协调沟通机制；建立信任激励机制；等等。

基于协同创新组织成员层面的对策涉及：强化员工的技术保护意识；加大知识产权共享意愿；协助员工明确合作中的角色定位；强化薪酬与职业成长的激励。

第二节 创新点

第一，研究立意的创新。本书是基于管理学视角的研究，将管理学的原理与手段引入知识产权风险研究领域，并与法学理论融合，形成了一个较新的研究视角。在此基础上，建立了协同创新中知识产权风险的研究框架，明确了知识产权风险对协同创新绩效的影响机理，并从多个层面构建出了一个系统的解决对策。

第二，研究内容的创新。首先，本书将协同创新组织系统地划分为形成、运行和结束三阶段，推进了协同创新理论的深入研究。分别分析各阶段的知识产权风险，并提出了各阶段相应的解决对策，将协同创新研究的深度向前推进了一大步。同时本研究通过针对协同创新的固有属性，提出了与普通信任相区别的"快速信任",同时阐述了"快速信任"的内涵、维度、性质与量化工具,验证了快速信任和契约控制对知识产权风险与协同创新组织形成质量和效率关系的调节作用,深化了合作创新中信任理论的研究。

第三,研究方法的创新。本书将数理模型与实证研究方法相结合,丰富了协同创新理论研究的方法论。运用博弈论等数理模型和结构方程模型等实证研究方法相结合,针对不同阶段知识产权风险问题研究,在建立信任机制、消除机会主义、合理分配利益以及竞合关系处理等策略中,予以恰当使用,使协同创新的理论研究方法得以丰富化。

第三节 研究的局限性

一是在研究数据的获得方面,课题组在样本的选择及数据的归集方面做了很多的努力。但受到很多条件的制约,比如我们的调研对象必须是有过合作创新经历的企业,所以收回的样本量有限。这样的样本量可能造成结构方程模型拟合的质量有待提高。同时,在数据采集过程中,也存在二次补充数据量的问题,影响数据分析的整体性和截面数据时间的相对一致性。

二是研究中涉及的变量比较多,在进行变量测量时,绝大多数量表都有比较好的参照量表,并做了前测予以调整。个别变量的测量,可参考的文献及量表匮乏,测量题项对变量完整内涵的表达有待提高。同时,由于问卷内容比较多,在问卷填写中存在题项理解不透彻等问题,也说明了量表设计存在的语义清晰度和理解度的不足。

三是研究内容的整体融合性。本研究的主要内容涉及面广，内容深入，运用的研究方法较多，带来了一定的研究难度，使得整体的研究有零碎感；一些内容的深入思考是近几年的专题研究，虽然大的逻辑主线比较清晰，但整体内容的融合性、各部分之间的过渡与衔接等方面，存在有待改进的地方。

第四节　未来研究展望

一是基于不同视角的研究。在知识经济蓬勃发展的背景下，企业之间的知识产权纠纷问题日益突出，学者们也不断地拓展研究的视角。大部分学者都从供应链的角度探讨纵向合作的知识产权流失问题及相应的知识产权风险。本研究则从资源和资源依赖的视角对知识产权风险进行尝试性的分析探讨。未来的研究应该将协同创新中的知识产权问题放到互联网背景下来进行研究，所以应当尽量拓展协同创新中知识产权风险研究的新视角。

二是基于不同产业间的横向比较研究。受到研究数据的限制，本研究并没有将不同的产业纳入研究的范畴。所以未来的研究，可以以一个或多个重点产业为研究对象，深度剖析特定产业内部的协同创新规律；另外，深入比较两到三个产业之间企业协同创新行为规律上的差异。分产业研究有利于挖掘"特性"，提高对于协同创新认识的深度。

三是比较研究不同区域间的协同创新问题与知识产权风险。本研究的取样研究范围主要在京津冀，以河北省为主，探讨了在发展协同创新组织过程中的一系列创新合作、知识产权风险等问题,并得到了一些有益的管理洞见。后续有关协同创新的研究,应以不同的区域为背景开展横向比较研究,看协同创新是否有所差异,从而得出更具一般性的结论。

主要参考文献

中文文献

[美]科斯·哈特、斯蒂格利茨等：《契约经济学》，[瑞典]拉斯·沃因、汉斯·韦坎德编，李风圣主译，经济科学出版社2003年版。

[美]艾伯特·赫希曼：《退出、呼吁与忠诚：对企业、组织和国家衰退的回应》，卢昌崇译，经济科学出版社2001年版。

张维迎：《企业的企业家——契约理论》，上海人民出版社2015年版。

[美]迈克尔·迪屈奇：《交易成本经济学——关于公司的新的经济意义》，王铁生译，经济科学出版社1999年版。

[德]格尔德·吉仁泽著：《风险与好的决策》，王晋译，中信出版社2015年版。

[以]阿维亚德·海菲兹：《博弈论：经济管理互动策略》，刘勇译，格致出版社2015年版。

[美]罗伯特·D.阿特金森、史蒂芬·J.伊泽尔：《创新经济学：全球优势竞争》，王瑞军等译，科学技术文献出版社2014年版。

[美]梅丽莎、A.希林：《技术创新的战略管理》，清华大

学出版社 2005 年版。

蔡剑：《协同创新论》，北京大学出版社 2012 年版。

洪银兴：《产学研协同创新研究》，人民出版社 2015 年版。

方德英：《校企合作创新：博弈演化与对策》，中国经济出版社 2007 年版。

［美］罗德里克·M. 克雷默、汤姆·R. 泰勒：《组织中的信任》，管兵、刘穗琴译，中国城市出版社 2003 年版。

祁红梅：《知识的吸收与创造》，中国经济出版社 2007 年版。

［美］理查德·福斯特：《创新：进攻者的优势》，王宇锋译，中信出版社 1991 年版。

孙建：《中国区域技术创新绩效计量研究》，西南财经大学出版社 2012 年版。

糜军：《反向知识溢出与创新绩效》，知识产权出版社 2016 年版。

李德伟：《创新缔造竞争优势》，石油工业出版社 2007 年版。

曹兴、宋娟：《技术联盟知识转移影响因素的实证分析》，《科研管理》2011 年第 2 期。

邓雪：《企业战略联盟组织间学习的实证研究》，博士学位论文，辽宁大学，2010 年。

韩晓琳、张庆普：《企业间知识创造利益分配的合作博弈分析》，《技术进步与对策》2011 年第 8 期。

胡水晶：《承接研发离岸外包中知识产权风险研究》，博士学位论文，华中科技大学，2010 年。

胡争光、向荟：《产业技术协同创新利益分配方式选择研究》，《科技管理研究》2013 年第 5 期。

黄波、孟卫东、李宇雨:《基于双边激励的产学研合作最优利益分配方式》,《管理科学学报》2011年第7期。

李梅芳、赵永翔、唐振鹏:《产学研合作成效关键影响因素研究——基于合作开展与合作满意的视角》,《科学学研究》2012年第12期。

秦开银、杜荣、李燕:《临时团队中知识共享对快速信任与绩效关系的调节作用研究》,《管理学报》2010年第1期。

苏世彬、黄瑞华:《合作创新隐性知识转移中风险影响因素分析》,《福建大学学报》2010年第3期。

王艳、朱洲:《临时团队的知识共享问题研究——以快速信任为研究视角》,《中国管理信息化》2010年第3期。

杨阳:《战略联盟演化中组织间学习对联盟绩效的影响研究》,博士学位论文,吉林大学,2011年。

詹也:《联盟组合管理能力对企业绩效的作用机制研究:联盟效率二元性的中介效应》,博士学位论文,浙江大学,2013年。

英文文献

Benjamin Hippen, "Innovation and the Persistent Challenge of Collapsing Goods", *The Journal of Value Inquiry*, Vol. 40, 2006.

Deepak Malhotra, Fabrice Lumineau, "Trust and Collaboration in the Aftermath of Conflict: The Effects of Contract Structure", *Academy of Management Journal*, Vol. 54, No. 5, 2011.

Denisa Mindruta, Mahka Moeen, Rajshree Agarwal, "A Two-Sided Matching Approach for Partner Selection and Assessing Complementarities in Partners' Attributes in Inter-Firm Alliances", *Strategic Management Journal*, 37, 2016.

Dietlind Stolle, Stuart Soroka, Richard Johnston, "When Does Diversity Erode Trust? Neighborhood Diversity, Interpersonal Trust and the Mediating Effect of Social Interactions", *Political Studies*, Vol. 56, No. 1, 2008.

Fabrice Lumineau, Deepak Malhotra, "Shadow of the Contract: How Contract Structure Shapes Interfirm Dispute Resolution", *Strategic Management Journal*, Vol. 32, 2011.

Gerhard Speckbacher, Kerstin Neumann, and Werner H. Hoffmann, "Resource Relatedness and the Mode of Entry into New Businesses: Internal Resource Accumulation vs. Access by Collaborative Arrangement", *Strategic Management Journal*, Vol. 36, 2015.

Goce Andrevski, Daniel J. Brass, "Alliance Portfolio Configurations and Competitive Action Frequency", *Journal of Management*, Vol. 42, No. 4, 2016.

G. Szulanski, "Exploring Internal Stickiness: Impediments to the Transfer of Best Practice Within the Firm", *Strategic Management Journal*, Vol. 17, No. 52, 2015.

Jeffrey H. Dyer, "Effective Interfirm Collaboration: How Firms Minimize Transaction Costs and Maximize Transaction Value", *Strategic Management Journal*, Vol. 18, No. 7, 1997.

Kim Langfield-Smith, "The Relations Between Transactional Characteristics Trust and Risk in the Start up Phase of a Collaborative Alliance", *Management Accounting Research*, Vol. 19, No. 4, 2008.

Mahesh Gopinath, Myron Glassman, Prashanth Nyer, "How Culture of Targeting Impacts the Evaluation of Products with Multilingual Packaging", *Psychology and Marketing*, Vol. 30, 2013.

Marco Tortoriello, "The Social Underpinnings of Absorptive Capacity: The Moderating Effects of Structural Holes on Innovation Generation Based on External Knowledge", *Strategic Management Journal*, Vol. 36, 2015.

Meyerson, D., Weick, K. E. & Kramer, R. M, "Swift trust and Temporary Groups", in R. M. Kramer & T. R. Tyler (Eds.), *Trust in Organizations: Frontiers of Theory and Research*, Thousand Oaks, CA: Sage, 1996.

Möhring, Monika Maria, Finch, John, "Contracts, Relationships and Innovation in Business-to-Business Exchanges", *Journal of Business & Industrial Marketing*, Vol. 30, No. 3-4, 2015.

Morgan, M., Sorin, C. S., "Automated Software Systems for Intellectual Property Compliance", *Intellectual Property & Technology Law Journal*, Vol. 12, 2008.

Murray R. Barrick, Gary R., Thurgood, Troy A. Smith, Stephen H. Courtright, "Collective Organizational Engagement: Linking Motivational Antecedents, Strategic Implementation, and Firm Performance", *Academy of Management Journal*, Vol. 58, No. 1, 2015.

Nandini Lahiri, Sriram Narayanan, "Vertical Integration, Innovation, and Alliance Portfolio Size: Implications for Firm Performance", *Strategic Management Journal*, Vol. 34, 2013.

Qian Jia, Yun Wang, Jiang Xu, et al., "Effects of Increased Blood Pressure Variability on Platelet Adhesion and Aggregation in Vivo and in Vitro", *Acta Pharmacologica Sinica*, Vol. 40, 2014.

R. E. Hoskisson, N. Foss, "The Corporate Headquarters in the Contemporary Corporation: What Do We Know and What Should We Know About It?", *Academy of Management Annual Meeting Proceedings*, Vol. 1, 2015.

Rice John, Peter Galvinb, "Alliance Patterns During Industry Life Cycle Emergence: The Case of Ericsson and Nokia", *Technovation*, Vol. 26, 2016.

Richard J. Arend, Pankaj C. Patel, and Haemin Dennis Park, "Explaining POST-IPO Venture Performance Through a Knowledge-Based View Typology", *Strategic Management Journal*, Vol. 35, 2014.

Rumelt, "The Dilemmas of Resource Allocation", *Journal of Business Strategy*, Vol. 2, 1981.

Shu-Hsien Liao, Shan-Yuan Chou, "Data Mining Investigation of Co-Movements on the Taiwan and China Stock Markets for Future Investment Portfolio", *Expert Systems with Applications*, Vol. 40, No. 5, 2013.

Sukhvir Singh Panesar, Tore Markeset, "Development of a Framework for Industrial Service Innovation Management and Coordination", Vol. 14, No. 2, 2008.

Toshihiro, K., "The Role of Intermediation and Absorptive Capacity in Facilitating University-Industry Linkages: An Empirical Study of TAMA in Japan", *Research Policy*, Vol. 37, 2008.

Ybarra, Thomas A. Turk, "The Evolution of Trust in Information Technology Alliance", *Journal of High Technology Man-*

agement Research, Vol. 20, 2009.

Yi-Ying Chang, Yaping Gong, Mike W. Peng, "Expatriate Knowledge Transfer, Subsidiary Absorptive Capacity, and Subsidiary Performance", *Academy of Management Journal*, Vol. 55, No. 4, 2012.

附录　合作创新调研问卷

尊敬的先生/女士：您好！

　　这是一份关于企业间进行创新合作的学术性问卷，该问卷主要是想了解企业在与其他企业进行创新合作过程中各个成员之间的情况。该调查问卷只用于学术研究，不会有其他用途，请您根据您的具体情况进行作答，请将所选选项或所选分值填入适当的位置。

　　请您真实地填写该调查问卷中的所有题项，只有将问卷的全部题项回答完，该问卷才有效，如果您对其中的某些问题不太清楚，请您直接向发放人提出。

　　再一次对您的支持表示感谢！

一　贵企业基本情况

1. 企业全称：
2. 企业类型：①国有企业　②民营企业　③外商独资企业　④中外合资企业　⑤其他
3. 资产总额：①4000万元以下　②4000万~40000万元　③40000万元以上

续表

4. 企业人数：①100 人以下　②101～500 人　③501～1000 人　④1000 人以上
5. 行业归属：①IT　②医药　③汽车　④石化塑胶　⑤纺织　⑥金属制造　⑦服务　⑧其他

二　个人基本情况

1. 性别：①男　②女
2. 年龄：①25 岁以下　②26～35 岁　③36～45 岁　④46～55 岁　⑤56～65 岁　⑥66 岁以上
3. 教育程度：①初中及以下　②高中（中职）　③大本（专）　④硕士及以上
4. 所在部门：①技术或研发　②销售　③财务　④行政　⑤人力资源　⑥生产　⑦其他
5. 岗位：①高层管理者　②中层管理者　③职员　④工人　⑤其他
6. 是否参与合作项目：①参与者　②协作部门　③知情者　④其他

三　合作伙伴的基本情况

在与贵企业进行技术合作的伙伴中，选择一个重要或印象深刻的，以该公司实际情况回答以下问题：

1. 合作伙伴类型：①国有企业　②民营企业　③外商独资企业　④中外合资企业　⑤学校或科研机构　⑥其他（请填写）
2. 合作的主要内容（可多选）：①联合开发　②研发机构与生产企业之间的长期合作协议　③技术/品牌授权　④技术转让　⑤技术作价入股　⑥合作生产　⑦直接购买对方技术　⑧其他
3. 在与其合作前是否有过合作历史：①有　②没有

四 问卷题项

答案	完全不同意	基本不同意	态度中立	基本上同意	完全同意	第一部分：下列问题主要了解合作中的知识产权风险相关情况。
	①	②	③	④	⑤	在协同创新组织的形成过程中，企业担心其他合作伙伴获得过多的知识产权
	①	②	③	④	⑤	担心协同创新组织成员会以各种借口，不将知识产权转移给我方
	①	②	③	④	⑤	在协同创新组织形成过程中，组织成员全力避免某些知识产权被我方获得
	①	②	③	④	⑤	在频繁的沟通交流过程中，管理层需要关注我方将知识产权无意间过度泄露给合作伙伴的问题
	①	②	③	④	⑤	由于合作伙伴缺乏沟通、不合作、过分保护其知识产权等原因，管理层需要关注我方知识产权获得不充分的问题
答案	完全不同意	基本不同意	态度中立	基本上同意	完全同意	第二部分：下列问题主要了解组织合作进展质量相关情况。
	①	②	③	④	⑤	合作各方能够很好地实现合作既定目标
	①	②	③	④	⑤	合作各方为实现合作目标做出了努力
	①	②	③	④	⑤	合作各方认为合作是有价值的
	①	②	③	④	⑤	合作各方愿意继续进行合作

续表

答案						
	①	②	③	④	⑤	合作各方愿意为继续合作投入更多的资源
	①	②	③	④	⑤	我方相信合作伙伴希望进一步深化合作
答案	完全不同意	基本不同意	态度中立	基本上同意	完全同意	第三部分：下列问题主要了解组织合作进展速度相关情况。
	①	②	③	④	⑤	合作各方投入的人、财、物等资源在合作关系建立初期达到预期使用效果
	①	②	③	④	⑤	在预计的期限内，合作双方完成了预期的任务
	①	②	③	④	⑤	合作关系的最终确立在预计的期限内
	①	②	③	④	⑤	合作各方就标准流程、分工协作等规范化体系在合作关系建立初期达成一致
	①	②	③	④	⑤	合作关系建立初期，合作各方均积极做事，不消极怠工
答案	完全不同意	基本不同意	态度中立	基本上同意	完全同意	第四部分：下列问题主要了解组织中的契约控制相关情况。
	①	②	③	④	⑤	合作中已经建立了明确的解决双方争议和冲突的制度和办法
	①	②	③	④	⑤	双方事先拟定的合同的内容对目前联盟很重要
	①	②	③	④	⑤	只有当合作细节都通过合同规定之后，才可以顺利地合作

续表

①	②	③	④	⑤	总的来说,双方签订的合同是约束对方行为的最有力工具
①	②	③	④	⑤	合作各方的合同越完善、越细致,就越有利于合作关系的建立
答案	完全不同意	基本不同意	态度中立	基本上同意	完全同意	第五部分:下列问题主要了解组织中的快速信任相关情况。
①	②	③	④	⑤	合作各方很快彼此信任(很快感觉到和谐)
①	②	③	④	⑤	合作各方很快有默契,容易沟通
①	②	③	④	⑤	合作各方很快相处融洽,彼此开玩笑
①	②	③	④	⑤	合作各方很快感觉到不需要相互监督
①	②	③	④	⑤	合作各方很快相信彼此会配合进度、细心工作
答案	完全不同意	基本不同意	态度中立	基本上同意	完全同意	第六部分:下列问题主要了解参加合作的合作动机相关情况。
①	②	③	④	⑤	我方想通过合作,降低创新成本
①	②	③	④	⑤	我方想通过合作,降低创新风险
①	②	③	④	⑤	我方想通过合作,得到新产品、新工艺
①	②	③	④	⑤	我方想通过合作,筹集研发所需的资金
①	②	③	④	⑤	我方想通过合作,实现技术上的互补

续表

答案	完全不同意	基本不同意	态度中立	基本上同意	完全同意	第七部分：下列问题主要了解参加合作的竞争动机相关情况。
	①	②	③	④	⑤	我方想实现引导技术的机会
	①	②	③	④	⑤	我方想得到合作伙伴的技术诀窍
	①	②	③	④	⑤	我方想得到合作伙伴的技术培训
	①	②	③	④	⑤	我方想得到合作伙伴的人才支持
	①	②	③	④	⑤	我方想打造更大的平台、提升自身的实力
答案	完全不同意	基本不同意	态度中立	基本上同意	完全同意	第八部分：下列问题主要了解组织合作最终绩效相关情况。
	①	②	③	④	⑤	合作后，创新组织推出了新产品、新工艺
	①	②	③	④	⑤	合作后，创新组织整体新产品收入占销售收入的比例不断提高
	①	②	③	④	⑤	合作后，创新组织主持或参与过高规格标准制定、高级别研究项目
	①	②	③	④	⑤	合作后，创新组织的产品更新率高、更新周期短
	①	②	③	④	⑤	合作后，创新组织满足市场创新需求的能力不断提高

本问卷到此结束，烦请您再回头检查，是否有漏答的题目，再一次谢谢您的协助。